中国传统文化思想与大学生教育

韩先虎　著

中国纺织出版社有限公司

内 容 提 要

本书主要面向高校师生，着重对优秀传统文化的现代性教育问题进行探讨，通过对中国传统文化的研究与借鉴，采用取长不论短的方法，着重于展示中国传统文化的精华。全书共六章，主要介绍了传统文化与中国优秀传统文化、大学生传统文化教育探析、传统文化教育的属性和功能、中国优秀传统文化与高校学生素质教育、弘扬中国优秀传统文化与增强新时代高校青年学生文化自信的关系、高校中国优秀传统文化教育的整体性设计等内容，以此汲取其丰富的文化内涵和营养，发掘出现代意义和价值，彰显中国优秀传统文化的民族性、历史传承性和在当代教育中的现代意义，以期传承优秀传统文化、发展创新，并在世界文化的碰撞、交流中确立中国文化应有的地位。

图书在版编目（CIP）数据

中国传统文化思想与大学生教育 / 韩先虎著 . -- 北京：中国纺织出版社有限公司，2022.12（2024.3重印）
ISBN 978-7-5229-0156-5

Ⅰ . ①中… Ⅱ . ①韩… Ⅲ . ①中华文化—教学研究—高等学校 Ⅳ . ① K203

中国版本图书馆 CIP 数据核字（2022）第 239585 号

责任编辑：史 岩 责任校对：高 涵 责任印制：储志伟

中国纺织出版社有限公司出版发行
地址：北京市朝阳区百子湾东里 A407 号楼 邮政编码：100124
销售电话：010—67004422 传真：010—87155801
http://www.c-textilep.com
中国纺织出版社天猫旗舰店
官方微博 http://weibo.com/2119887771
北京虎彩文化传播有限公司印刷 各地新华书店经销
2023 年 4 月第 1 版 2024 年 3 月第 2 次印刷
开本：710×1000 1/16 印张：7.5
字数：137 千字 定价：99.90 元

凡购本书，如有缺页、倒页、脱页，由本社图书营销中心调换

前　言

　　中国优秀传统文化是中华民族的精神基因和民族历史的结晶，在当今时代，它包含着推进文化素质教育的精髓，值得我们传承。同时，优秀的中国传统文化对今天人们的生活方式、价值观念以及中国发展道路具有深刻影响。当代青年学生是国家建设至关重要的力量，21 世纪的中国想要屹立于世界民族之林，获得长足稳健的发展，必须培养好青年一代。值得我们关注的是如何处理好中国优秀传统文化与高校青年教育管理之间的关系，如何在传承中国优秀传统文化的基础上，将其与高校青年学生文化自信、社会主义核心价值观、素质教育恰当地融合在一起。

　　中国文化源远流长，博大精深，精华与糟粕并存，文化思想、学术观点历时不绝，林林总总。从先秦孔孟儒学的经世致用、交易、民本，到近现代"中学为体，西学为用"的洋务思想，"不中不西，即中即西""儒表西里"的康、梁戊戌"新学"，民族的、科学的、大众的文化论，等等。这些思想和学术观点，多有其产生的历史背景和条件，其是非得失不难辨析。所以，本书对中国传统文化的研究与借鉴，采用取长不论短的方法，着重于展示中国传统文化的精华，以此汲取其丰富的文化内涵和营养，发掘出现代意义和价值，彰显中国优秀传统文化的民族性、历史传承性和在当代教育中的现代意义，以期传承传统文化、发展创新，并在世界义化的碰撞、交流中确立中国文化应有的地位。

　　传播中国优秀传统文化，培养学生的文化素质，继承优秀的传统文化，构建科学、民主、人文、和谐的当代文化，是我们期待和追求的，是故不忌才疏学浅，着笔求正，完成了对传统文化的现代性教育问题探讨。

韩先虎

2022 年 10 月

目　录

第一章 传统文化与中国优秀传统文化

第一节 文化的内涵

一、文化的含义

（一）文化的基本概念

文化的概念延伸比较广泛，源远流长。在汉语词典中，文化的含义大概包括三个方面：第一个方面指人类在社会历史发展过程中所创造的物质财富和精神财富的总和，特指精神财富，如文学、艺术、教育、科学等。第二个方面指运用文字的能力以及一般知识。第三个方面指同一个历史时期的不按照分布地点而改变的古代遗迹等综合体。1989 年，《牛津现代高级英汉双解词典》对文化的定义总结为：广泛的知识及将之活学活用与根植内心的修养。

根据英国剑桥大学威廉·雷蒙教授的理解，文化是在对人心灵的培养这一理解的基础上发展起来的，文化指人类的兴趣、活动及影响，包括人心灵发展的过程、状态、手段、方法等，以及具有实用性的概念框架。文化是描述性的，不具有价值判断。

美国著名人类学家克鲁伯认为，文化是一套在一定时间里流行于某一群体的行为模式。文化被运用于人类学、社会学、教育学、心理学、政治学等领域。

（二）文化的不同内涵

文化的内涵不同，其意义也是不同的，主要分为广义的、狭义的和引申意义的三种。

广义的文化指人类创造的物质财富和精神财富，是人类社会的积淀物。其中，物质文化包括自然文化、经济文化、军事文化、建筑文化等。精神文化包括政治、文学、艺术、教育、科学、伦理、哲学等。

广义文化的概念很广泛，可以说是人类立足于自然界独特的生存法则，着眼于人类与其他动物的本质不同。文化可以是活动方式，也可以是工具器皿等。

狭义的文化不包括人类物质活动及其创造的结果部分，而是专注于某一项精神活动及其结果。

引申意义的文化指在本义和广义的基础上衍生出来的更加常见的含义。引申的文化无论是在中国还是外国，都很容易看到，汉语词义的引申含义更加复杂和丰富多彩。

二、文化的性质

（一）社会性

文化具有社会性，属于一种社会的文化形态，包括物质和精神两种。因社会载体不同，文化呈现不同状态。

（二）民族性

民族性与民族的产生、发展联系紧密，文化的民族性主要体现在以下三方面：

首先，文化的民族性体现出一定的民族特色。不同民族特色组成不同的文化。

其次，文化的民族性反映出一定的历史传统。中国历史传统具有深厚的文化积淀，传承下来的文化富有历史色彩。

最后，文化的民族性体现出一定的信仰特点和语言特点。

（三）延续性和发展性

文化的传承经历了很长时间，沉积下来的都是进化与发展的结果。

社会进步必然推动文化的发展，文化的延续性与发展性表现为时间、空间、内容的相承、扩展与创新。

三、文化的功能

（一）文化是根基

一个民族、国家、组织的根基就是文化。文化的根基作用主要体现在以下两方面：

第一，文化产生了物质财富。物质财富的生产需要人们掌握一定的知识和技术。

第二，文化是精神财富的根源。思想的形成是精神财富的一部分，其来源是文化。从教育、科技方面形成精神财富。文化产生了科学和教育，两者促进了文化的发展。

（二）文化是土壤

文化是人类精神发展孕育出来的产物，任何文化的生长都需要一定的物质土壤来孕育。文化是土壤主要表现在以下两个方面：

首先，优秀的传统文化是一个民族赖以生存的条件。优秀的制度、道德、思想等经过不断完善、发展，可以为民族文化提供源源不断的生命力与养料，优秀的文化土壤可以培养出优秀的传统文化。

其次，优秀的传统文化是一个民族精神的土壤。民族精神是在文化的土壤里孕育出来的宝贵产物。在文化土壤中，民族精神不断得到发展和更新。

（三）文化是力量

文化是一种影响国家、民族的巨大力量，可以推动一个国家或民族的发展。

第一，文化有利于增强民族凝聚力。如果组织成员认同一种文化，就会产生归属感和自豪感，愿意为了文化的发展添砖加瓦，为维护文化的自尊而贡献力量，完成特定的使命。

第二，文化有利于提升民族的抗击力。文化的独立具有防御功能，有利于抵制外来因素的侵扰。民族独立性的形成依赖于文化，独立的文化有助于增加人们的抗侵扰能力。

四、文化的分类

依据结构和范畴，文化有广义和狭义之分。依据文化的多样性及复杂性，文化可分为物质文化、制度文化和心理文化。物质文化是可见的显性文化；制度文化和心理文化分别指生活制度、价值观念、家庭制度、社会制度、思维方式、信仰、审美情趣等，属于隐性文化。下面从物质文化和非物质文化两大类来阐述。

（一）物质文化

物质文化包含生产工具和劳动对象等，是指人类在发展、创造中发掘的技术、物质产品。物质文化联系社会经济生活的组织方式，通过经济、社会、金融和市场基础设施显示出来。能源、通信、交通等属于经济基础设施范畴；住房、教育等属于社会基础设施范畴；金融和市场的基础设施包括为企业服务的机构。一般来说，在自然状态下存在的物质不属于物质文化范畴。

（二）非物质文化

非物质文化指那些有艺术、历史价值的非物质形态的东西，包括人类在实践过程中创造的各种精神文化，如少林武术、中华刺绣等。无论是非物质文化还是物质文化，文化的核心都是人。文化由人类创造出来，是人类智慧、创造力的体现。人类是文化的创造者和享受者。人虽然需要受到文化的约束，但是在文化中永远是主动的。我们了解和研究文化就是研究人的思想、行为、心理及其变化的结果。

五、文化的功能

文化在不同的范围和层面有不同的功能，具体体现在以下三个方面。

（一）整合功能

文化可以把其他文化中的各个要素有效整合，协调成员的行动。文化为群体中不同成员的沟通和交流搭建桥梁，整合不同的性格和思想，促进他们更好地合作和达成共识。

（二）导向功能

文化给人们的行动提供了一定的方向以及可以选择的方法。例如，人们通过共享文化可以知道何种行为在对方眼里是合适、积极、可被接纳的，文化能够指导人们选择有效的行动。

（三）维持秩序功能

一种文化的形成、确立意味着该种价值观、行为规范的被遵从和被认可。人们在不断的学习和对共同生活经验积累的基础上形成了文化，文化经历了人们的筛选和比较。文化确立的社会秩序能在文化的作用下维持下去，这是它维持社会秩序的功能。

六、对文化的其他理解

不同领域对文化有不同的理解，比如，存在主义认为，文化是一个人或一群人存在方式的表现，他言说或表述了人类在自然、历史中的存在过程，他不仅描述一群人的行为，也感知个别人的自我心灵体验。从哲学层面来说，不同时间和地点的哲学思想特点决定了文化的不同风格。从文化研究的角度来看，真正的文化包括传承优秀文化与吸收其他优秀文化。

第二节 传统文化的内涵

一、传统的释义

"传统"是世代相传的东西，包括思想、行为、想象的产物等。其中，"传"字表示传承、传递，"统"字表示连续。经过一代代的积累和传递，"传统"延续到今天，影响着人们生活的方方面面。

传统文化反映民族特质和风貌，是各种观点的集合。有形的物质文化和无形的精神文化共同构成了民族自己的传统文化。

二、传统文化的概念和内容

传统文化作为一个大的概念，由"传统"和"文化"两个概念构成。与"现在"相对应产生"传统"，"传统"随着社会的不断进步而发展改变，过去属于"传统"的一部分，现在、未来都将属于"传统"。"传统"相对稳定，具有地域色彩，积极的"传统"可以促进社会发展，反之，消极的"传统"会阻碍社会进步。

按照地域理解，传统文化包括中国传统文化和外国传统文化。中国传统文化以儒家文化为中心，综合了政治、经济、思想、艺术等内容，经过上千年积淀，相对稳定。文字、语言、书法、音乐等都是中国传统文化的组成内容。

中国传统文化包括宗法、农业、血缘文化，伴随时代的发展，内容不断丰富，相互关联，密不可分。比如，封建社会的大家庭强调辈分和地位的等级差距，重视家族家规。鲁迅先生的小说里描述了宗法文化对封建统治和人们思想的影响。古代中国是一个农业大国，以农业为基础的经济形态决定了我国古代发展出与之相适应的文化制度。

三、传统文化的特点

中国传统文化集中体现了中华民族的思想观念、情感认同、语言习惯等，凝聚着民族的道德规范、价值导向、思想品格。传统文化历史悠久、博大精深，被中华民族代代相传，可以反映出民族特质和风貌，是民族历史上各种观念形态的总和。

（一）中国传统文化具有世代相传性

简单来讲，世代相传为传统的本义。代代相传的文化有很多，比如大多数中国人都会写汉字、用筷子吃饭，很多中国人从学生时代就认识王羲之的书法，能背诵中国古诗，这就是在自觉或不自觉地传承中国文化。今天，14 亿中国人都在使用同一种语言和文字，都有一致的文化认同，可以看到文化传承和文化凝聚中国人所具有的力量。中国传统文化历史久远，是中国千百代人创造的文化成果，这种文化成果缤纷多彩、辉煌灿烂、绵延不绝，这种文化积淀在代代相传中注入了中国人的血脉，形成了中国人所特有的文化基因。

（二）中国传统文化具有会通包容性

中国除汉族外，还有 55 个少数民族。这些少数民族在中华民族的历史上都对中国文化的形成与发展做出过不可磨灭的贡献。居于黄河流域的中原农耕文化曾经是中国文化的中心，但这种农耕文化在中华民族的历史上也不是僵化和封闭的，它和中国少数民族的游牧文化一直处于相互激荡、相互学习、相互融合的过程。对处于辉煌时期的唐朝文化来说，相当广泛地吸收和融入了当时西域少数民族的文化。中国传统文化所具有的会通包容性还体现在中国传统哲学各学派之间的相互争鸣、相互辩论和相互吸收上。在中国文化史上，各种学派（如春秋诸子百家）之间以及每个学派（如儒家学派与法家学派）内部，都存在着既相互辩论又相互吸引的情况。对于外域文化，中国文化也体现了它充分的开放性与包容性。

（三）中国传统文化具有形态稳定性

中国文化在发展中不断地以开放的胸怀吸收他人之所长，但它同时保持着自身形态的稳定性，这可以说是一个奇迹，表明中国文化有强大的生命力和凝聚力。中国文化之所以能够既吸收别人，又不改变自己，成为一种保留在中华民族中间具有稳定形态的中国文化，取决于它独特的内涵和精神。中国传统文化的基本精神主要包括以下四个方面：首先，中华民族是以吃苦耐劳著称于世的民族，表现在文化上就是"刚健有为""自强不息"；其次，中华民族追求和平，热爱和平，表现在文化上就是"和而不同"；再次，中华民族是崇礼尚文的民族，表现在文化上就是"人文化成""厚德载物"；最后，中华民族是充满辨证智慧的民族，表现在文化上就是"刚柔相济""阴阳协调"。中华民族的这些基本精神渗透和表现于中国传统文化方方面面的内容与形式中，使中国传统文化成为既能自我更新，又具有相对稳定形态的文化整体和文化体系。

（四）中国传统文化具有内容丰富性

中国传统文化之所以有力量，就在于它不但有充满智慧的精神，而且有多层面的丰富内容作为它的载体，使古往今来每一个中国人无不生存和生活于中国传统文化中。它无所不在，无处不有。如要列举出中国传统文化都有哪些，恐怕是说不完、数不清，无法穷尽的。例如礼仪制度、传统道德、信仰、文学艺术、教育科技、琴棋书画、汉语汉字、音乐舞蹈、戏剧戏曲、中医中药、养生健身、武术功夫、美食美饮、服装服饰、风俗习惯、建筑园林、铸造雕刻、瓷器玉器等，在广义上都可以说是中国传统文化，或者说是中国传统文化的体现。在中国各民族的生活方式中，处处渗透着文化，比如中国的姓名文化、属相文化、生日文化、节气文化、节庆文化、成语文化等。正因为它具有人们喜闻乐见的形式，才使基本精神与价值观在潜移默化中渗透到中国人的血脉中。

四、传统文化的影响

传统文化的影响可以分为横向影响和纵向影响。横向影响指中国传统文化和外国文化的差异与影响；纵向影响指传统历史文化对于现代文化的影响。从横向来看，中国传统文化对国外其他国家产生了深远影响。在中国历史上，各个时期都有中国传统文化对世界产生影响的典型事例。比如，孔子学院遍布世界各地，中国传统文化将持续、广泛、深远地影响外国文化。

从纵向来看，传统文化对现代文化的影响可以分为积极影响和消极影响。在封建社会，封建的本质是分封建制，这是典型的中国封建社会。在中国古代，人与人是不平等的，不同等级的人们不能来往、通婚，男尊女卑的观念一直存在。忠君的思想在中国古代一直被推崇，直到推翻帝制，形成民主革命思想，提出指导革命的"三民主义"结束了两千多年的封建帝制。中国传统文化中的一些糟粕存在于封建社会，虽然在历史发展中已经被逐渐抛弃，但仍对人们有一定的影响。

封建文化追求"德治"，重视"人治"，儒家思想作为封建社会的正统思想，虽然有一些局限性，但是"仁、义、礼、智、信"的文化内涵始终具有积极意义。

第三节 中国优秀传统文化释义

一、中国优秀传统文化的概念

中国传统文化包含中国优秀传统文化，两者之间是整体与部分的关系，传统文化中有积极意义的精华部分被称为中国优秀传统文化，它是对中国历史的记录与传承，是对人类精神、社会文明的思考与总结。文化凭借它独有的魅力记录历史，推动历史，改变和传承历史。

中国优秀传统文化可以激发民族自信心和自豪感，鼓励人们前进，反映中国社会健康的精神方向，有很强的生命力，具有持续性和稳定性。中国优秀传统文化在当代表现为自强不息的奋斗精神，厚德载物的博大胸襟，崇德重义的精神境界，团结统一的价值方向。

二、中国优秀传统文化的基本内容

中国传统文化曾以辉煌的火焰照亮了东方，但是伴随近代中国的落后和屈辱，中国传统文化的发展也一度落后。正确处理当代与历史的关系，有助于增强民族自信心。总的来说，中国优秀传统文化包括以下基本内容。

（一）重德精神

中华民族以重德著称于世，道德是人的行为修养，对国家、民族的发展有积极的影响。儒家思想的核心是"仁爱"，崇义、尚仁体现了中华民族的重德精神内涵。

（二）宽容精神

孔子提出的"仁即爱人"，孟子提出的"仁政"，以及墨子提出的"兼爱"都是宽容精神的体现。《易经》指出君子应当具有像大地一样宽广的胸怀，用宽厚的德行包容世界。

"君子和而不同"，根据《易经》所云，人需要有伟大的胸襟，可以容纳一切，有能力在对立中求统一。通过包容、融合成为一个整体。"中庸"思想很好地诠释了"和"字。

（三）自强精神

作为中华民族精神的一部分，自强不息蕴含于传统文化中，正是坚忍不拔、自立自强的精神支撑着中华民族的发展和进步。中华民族屹立于世界民族之林靠的就是由此拓展出来的刚正不阿、不屈不挠的精神。

（四）求实精神

中国文化比较关注社会、人生问题，关注人心和人性、看重现实，坚持一切从实际出发，实事求是。

孔子教育弟子实事求是，反对主观臆测就是实事求是精神的体现。中国人一向务实，主张踏实的作风，在性格上被打上了朴实、脚踏实地的烙印。

三、中国优秀传统文化的特征

（一）崇德尚贤的伦理性

在中国几千年历史中，优秀传统文化遵循德育至上，以伦理道德为核心。儒家思想中提到，大学教育旨在彰显德行，去除污点，达到至善至美。《论语》中对修德也有要求，孔子认为，人应该遵守修养，通过道德教育，将人与动物区别开来，社会应该弘扬德行。

中国传统文化在古代典籍中有记载，在古代人们道德践行中有反映。一方面，古代统治者以道德手段教育感化人们，达到其统治目的；另一方面，古代人崇尚理想的圣贤人格，以儒家思想为标准约束行为，从而提升境界，实现价值。

（二）延绵不绝的生命力

根据英国历史学家汤因比的观点，在近 6000 年的人类历史上出现过 26 种文化形态，其中比较早的文化体系除了古中国文化外，还有古印度文化、古巴比伦文化、古希腊文化、古埃及文化等。中国传统文化按照逻辑演化历经 5000 余年而不中断，这些体现了它较强的生命力和稳定性。

（三）开放、包容、内化的自我革新性

古代中国属于开放的国家，国家内部之间各个诸侯国相互合作，同时，与其他国家的交流和文化传播具有兼容性和开放性。

中国传统文化发源于黄河流域，随着北方游牧民族的入侵，逐渐受到游牧文化影响，农耕文化与游牧文化在交融中，保存特质，互相融入吸收。

中国传统文化具有包容性，吸收外来文化的精华，比如，古印度的佛学自汉代传入中国以来，被人们广泛接受，并得到了有效传播，包容力展现了中国传统文化的胸怀与气魄，以及文化的自我革新精神。

第四节 中国优秀传统文化的影响力

长期以来，国内外众多民族共同发展出很多优秀文化，和其他民族文化一样，中国传统文化是属于全人类的财富，具有独特意义。

一、中国优秀传统文化的传播

中国历史文化博大精深，丰富的科学、文学、艺术、军事、政治等成果传播到国外，与国外交流的同时，从无序发展为有序。我们不能因近代的落后而全盘否定传统，中国优秀传统文化始终是世界优秀文化的一个组成部分。

新加坡借鉴了中国优秀传统文化，将其融入社会发展中，提升了总体文明程度。现代性是传统文化的一个因素，有积极意义。我们不能全部否定传统，而应该学会扬弃，使文化在重新认知和磨合中焕发出新的光彩。

在东西方思想碰撞摩擦的形势下，我们应该尊重文化的民族性。建设中国特色社会主义先进文化需要发扬"中国风格""中国气派""中国特色"。弘扬优秀传统文化需要我们将继承与创新相结合，这样才能使优秀传统文化欣欣向荣，繁盛不息。

二、中国优秀传统文化对亚洲的影响

在整个中国古代，中国文化一直推动亚洲文明的演化与发展。比如，朝鲜文化就深受中国文化的影响，自古以来，中朝之间物质文化交流促进了思想的交融。在中国文化的影响下，朝鲜出现诸多儒学名人。

中国文化对日本文化的影响根深蒂固，从古代开始，中国的文学、艺术、美术、哲学等传入日本。虽然日本史料对此记载较少，我们可以在中国史书中找到根据。中国文化对日本文化的深远影响体现在以下三个方面：

首先，日本文字起源于中国。日本文字是中国汉字经过发展而形成的，与中国汉字有很多相似之处。

其次，日本在体制等方面一直仿效中国。日本一些编年史体裁的书籍学习中国的史书，在君臣观念、正统观念等方面受到儒家传统的深刻影响。

最后，佛教作为中国文化的一部分被传入日本。日本受佛教的影响深远，将中国文化、文学、工艺等传入日本，这些深受日本人民和广大佛教徒的尊敬。

三、中国优秀传统文化对东南亚国家的影响

在东南亚，很多国家的文化与中国优秀传统文化有深厚渊源。我国与越南、泰国、马来西亚、缅甸、柬埔寨、印度尼西亚、文莱等国家保持着友好的关系。越南和泰国的礼俗就是受到了中国传统文化的影响，菲律宾的饮食和新加坡的生活习惯等或多或少有中国文化的影子。儒家思想在其国民教育中发挥重要作用。

我国古代航海事业的发展有利于我国和世界各国建立友好往来，唐宋时期，由于对外交流较多，东南沿海的人们向东南亚流动，对文化的传播起到一定的辅助作用。

四、中国优秀传统文化对西方的影响

首先，古代器用技术对西方产生广泛影响。从公元6世纪开始，中国四大发

明传入欧洲，中国的瓷器、丝绸、养蚕等在推动西方文明发展方面起到了关键作用。可以说，中国古代科技在一定程度上开启了西方近代文明。

其次，中国园林艺术对西方产生了深刻影响。每一种艺术形式都包含了独特的结构特点，中国园林艺术具有很大的魅力和极高的欣赏价值，它代表着中国精神和气质。欧洲很多国家学习和借鉴中国园林艺术，这种艺术形式影响了他们的生活方式和情调。

再次，中国文学作品在欧洲有一定的影响力。在欧洲很多国家剧作家眼里，中国戏剧有劝善的作用，中国小说、诗歌、戏剧被翻译成英文和法文等，传播中国思想。

最后，中国学术思想对西方产生深远影响。西方人从 16 世纪开始翻译儒家经典，将儒家经典翻译为拉丁文和法文，传入欧洲。

欧洲著名思想家伏尔泰等深受中国哲学思想的影响。德国哲学思想受到中国哲学的深刻影响，德国哲学家莱布尼茨曾针对欧洲文明中心论，努力为中国文化辩护。法国重农主义学派认为，中国实现了道德理性化。康德和费尔巴哈的哲学思想与中国儒家人本主义在逻辑上是一致的。然而，黑格尔否定了中国哲学和文化，这说明欧洲文化在启蒙运动之后踏上了近代历程，中国文化对西方的贡献渐渐被西方人忘记。

五、理性看待中国传统文化的世界影响

一方面，中国传统文化具有世界性意义。作为世界文明进步的一部分，中国传统文化为中国和世界各国的发展贡献了很多力量。中国传统文化包含儒学世界观中的人道主义思想、法家兼爱非攻的道德观等，这些理念蕴含着巨大的魅力与强大的力量。

另一方面，一个民族的文化是世界文化的一部分，高科技信息时代，各个国家、民族间联系日益密切，我们不能闭关自守，需要立足国家发展，放眼世界，开拓一条有中国特色的现代化道路。

世界文化这个整体和不同民族文化的分支之间是一种对立统一的关系，共同为人类文化发展涂抹绚丽的色彩。不同民族的文化具有不同的智慧与闪光点，中国文化也应取长补短，提升文化品格，紧跟世界发展潮流，拓宽视野，走向世界舞台。

总之，以国为家、家国一体、先国后家，是中国传统文化的重要内容。学习中国优秀传统文化有助于青年养成"天下兴亡，匹夫有责"的情怀，对国家统一、民族团结、民族发展具有长远意义。在为实现"中国梦"努力奋斗的道路上，每一位青年学生都需要以国家繁荣为最大光荣，增强对国家的认同意识，培

养爱国热情，树立对本民族的信心，做自信、自尊、自强的中国人。

　　儒家以"仁"为思想核心，以"义"为价值准绳。"仁爱共济，立己达人"是儒家思想中非常重要的价值观念和道德追求。孔子认为，他人和自己不能分割，只有每个人把自己的事情做好，整个社会才会变好。当代大学生需要学习中国传统文化中"仁爱共济，立己达人"的道德思想，做一个讲文明、有素质的中国人。修养人格是儒家思想的重要组成部分，讲人格修养，首先要讲"正心"，就是修养自身的品性。"正心"的关键是"正"字。"正"就是端正，端正内心的同时坚持一心一意，在做人和求学的过程中坚持"笃志"，持之以恒、坚持不懈。"正心笃志"和"崇德弘毅"在今天指的是心理素质的陶冶和培养，这对年轻人来说很有意义。当代青年学生要在明辨是非、遵纪守法、发奋图强的基础上自觉弘扬优秀传统文化，形成良好的道德品质，做守诚信的中国人。高校有责任把大学生培养成品学兼优、讲理知义、忠厚正直的接班人。

第五节　文化、传统文化和中国优秀传统文化的关系

一、文化、传统文化和中国优秀传统文化的不同

（一）时代性

　　社会在不同的时代具有不同的特点，它的产物——文化也具有时代性。

　　社会日益发展进步，各种新文化形式不断出现，无论多么丰富，主流传统文化的地位都不能动摇。传统文化必须与时俱进。生活中处处可见传统文化的痕迹。比如，民间故事、历史传记被制成影视剧；综艺类节目结合中国优秀传统文化，用不同的形式呈现；学校开始重视国学经典的教育。从娱乐休闲到学校教育，从低龄学童到高素质人群，传统文化展现出时代性，渗透到社会的方方面面，使很多人体验和领悟到传统文化的精华。

　　中国优秀传统文化是中华民族的精神标识和特有的思维方式，它为中华民族伟大复兴提供精神动力和智力支持。优秀传统文化集合了传统美德、人文精神等积极因素，高校教育管理者，应该正确对待传统文化的优缺点，努力实现优秀传统文化的创新型发展，为社会主义现代化建设和发展提供精神养料。中国传统文化本身具有包容性，随着社会的发展还需要具有世界性、当代性和现代性，这样才能最大限度地发挥中国传统文化的力量。优秀传统文化的传承需要适应时代发展，与现代社会相协调，在扬弃和创新中推动社会发展，成为解决实际问题的文化，使民族精神发扬光大。

（二）民族性

一个民族的特质包括其独特的价值观念、思维方式、精神追求等，这些从文化中可以反映出来。文化的民族性展现出该民族的风格和气派，它使一个特定的民族与其他民族不同，表现出特有的文化心理和文化结构，具有超越时空、地域的意义。

文化的民族性在历史进程中沉淀、稳固，具有相对的稳定性，同时不断更新和发展。因此，在研究传统文化过程中需要关注文化的连续性，肯定本民族文化的历史内涵，不能割断历史，更不能用片面的眼光看文化。我们需要保持文化的民族性，传承传统文化的优良品德，解决好面临的问题，正确理解其价值。

中国传统文化的形式与内容在继承和发展中不断革新，但有一些基本价值观念是不变的，比如，爱国主义思想、自强不息的精神和兼容并包的胸襟等。中华民族精神孕育于中国传统文化中，反映了民族特有的民族性，体现了民族的气派和风格。

在当今时代，各种文化和思想的碰撞对各个国家的文化和思想产生影响。我们应当维护中国传统文化的民族性，努力发展中国传统文化的民族性，合理运用中国传统文化资源。

（三）群众性

文化由人类创造，包括衣、食、住、行、文等，文化的群众性可以反映出群众的声音，为大众服务。

传统文化中既有精华，也有糟粕；既有群众性的优秀文化，也有脱离群众的糟粕部分。摒弃糟粕部分，传统文化中具有群众性的部分就是优秀传统文化。中国传统文化本质上就是一种关于人的学问，深刻影响着中国社会。传统文化尊重人性，关注人和伦理道德，提倡严于律己，实现价值。

从秦朝以来，集权的封建专制制度历经 2000 多年，中国文化多元发展，各民族文化互添活力，增强了中国传统文化的凝聚力和生命力。中国人提倡"天人合一"，在人与人、人与事物、国家与民族的关系中追求"和"。在"和"中实现国家的进步以及个人的幸福。对"和谐"的追求，体现出优秀传统文化对"和而不同"的认可，这就是对人民意愿的尊重，就是群众性的体现。

（四）创造性

精神力量可以转换为物质力量，进而产生更大的影响，精神力量对个人的成长发展、对国家的繁荣进步发挥着举足轻重的作用。

中国优秀传统文化是中国传统文化的精华，在很长一段时间处于世界领先地位。诸子百家的典籍、唐宋文人的诗词等，都是人类创造的优秀文化成果。中国优秀传统文化属于中国传统文化中具有活力的部分，充满创造性，不断适应社会发展，成为中国文化的瑰宝。

二、文化、传统文化和中国优秀传统文化的联系

（一）主体相似性

文化、传统文化、中国优秀传统文化之间最大的联系就是主体相似性。文化的核心是人。传统文化、中国传统文化亦如此，人创造文化，也享受文化，同时受制于文化。人始终是文化、传统文化、中国优秀传统文化的创造者、享受者、变革者。

（二）时代联系性

文化在经历时间的沉淀之后才被称为传统文化。不是全部的传统文化都值得传承和弘扬，"取其精华，去其糟粕"，才形成了阐释中国道路与制度、凝聚中国力量的中国优秀传统文化。

（三）长久性

文化、传统文化、中国优秀传统文化对社会的影响都是长久的。相对于现在来说，传统文化是已经发生和存在的，是长久的。中国优秀传统文化是具有中国特色的优秀理念、传统、人文情怀的集合，展现出中华民族独特的思维意识，它的影响更为深远。在当代，中国优秀传统文化是建立在坚持和发展中国特色社会主义理念之上的。

（四）创新性

从背诵古代诗词到学习孔子、孟子的观点，我们一直在学习中国传统文化，如今的大学生不仅学习和了解本国的文化，还开始涉猎其他民族的文化。这时，我们已经不是通过肤色、外貌来理解一个民族，而是通过语言、文化进行辨认。

中国优秀传统文化是经历磨难和沉淀形成的，我们若想实现超越和创新的构建，必须遵循科学方法，反思当下，努力实现转型。优秀传统文化经过革命、建设、改革被传承和弘扬，如今，运用优秀传统文化治国理政，将其提升到新阶段。

第六节 中国传统文化与当代大学生心智结构的关系

人之所以区别于动物、植物、其他一切自然存在物，人之所以能从自然界中独立出来，人之所以成为人的根本所在，正是由于人创造了文化。人在劳作实践中创造了文化，文化因此成为人与其他动物、植物、自然存在物等相区别的、独特的本质特性。人创造了文化，也即人作为文化的创造者，主体是人，客体是文化，若没有人，也就没有文化。

人创造了文化，文化与人的起源是相伴而生的。文华若不创造出来，人不可能摆脱自然链条，不可能与动物相区别，也就不可能成为真正的人、成为完整意义上的人。可以说，没有"人"就没有"文化"。人和文化之间的关系是紧密相连的，是无法分割的。文化是人的文化，人是文化的人。有什么样的国家和民族就有什么样的文化，而这个国家民族的文化会占有这个国家民族的人。因此，我们对人进行研究的时候，必须从本民族文化的研究入手。

心智结构也是文化—心理结构，心理是人的内在心智状态，文化是表现出来的存在的样态。心理塑造了文化，即原始的心理状态塑造了中国古代传统文化，中国传统文化在先秦成立之后又塑造了中华民族的内在心智结构，并且这一内在心智结构已经成为中国人思维与行为不自觉的方式、模式。心智结构是人类所特有的。在人类的实践活动中，人类不仅创造、发展和积累了物质文明，也创造、发展和积累了精神文明。精神文明包括物态化的作品和人的心智结构状态。从内容方面来说，人的心智结构状态是具体的、历史的，随着时代、社会、阶级的发展而具有自己独特的内容；从形式方面来说，人的心智结构状态凝聚、内化、积淀为一种"结构成果"。心智结构就指这种"结构成果"。

中国思想的发展是一个历史性问题，历史是逻辑存在的本体；逻辑是历史自身发展的一个原则，这个原则是指事物自身存在的道理原则和条理规定。心理与文化的辩证法，就是中国哲学发展的内在逻辑。心理既是前提，也是归宿，文化是为心理服务的，一切人文活动都必须为人的生存服务。如何把握人的基本矛盾就构成了如何理解哲学基本问题的前提基础。

人的基本矛盾有两对：时间性矛盾（昨日之我、今日之我、明日之我历史统一性的矛盾）、空间性矛盾（人人关系、人物关系）。人的时间性、空间性矛盾最终都根源于人。人的内在方面表现为人的心理；外在方面表现为人的文化。所以，心理与文化的矛盾是人的现实性的表现。人的内外矛盾作为人的基本矛盾，就其现实性来说，是心理与文化的矛盾。这个矛盾成为哲学基本问题的本源性基础。

所以，当我们用这两个观念的相互关系来说明一个思想、一个观点时，需要对这两个概念作清晰的界定。文化的概念是内外一体，人是一个灵肉统一体。那么，整个宇宙就像一个人一样，整个世界就是一个内外统一体。陆九渊称："宇宙内事乃吾分内事，吾分内事乃宇宙内事。"吾身与宇宙是一体的，故："吾心即宇宙，宇宙即吾心。"先从事上看，吾分内事就是宇宙内之事；宇宙内事即为吾分内事，宇宙是所有东西都包容在内。我们的思想、我们的境界支配着我们的行动，而不是我们的行动支配着我们的思想。所以，吾分内之事就是宇宙内事，吾分内之事由吾心之主宰，故："吾心即宇宙，宇宙即吾心。"这样一个思想恰恰表明了中国古代传统哲学中的最基本观念——人是宇宙的最高环节、万物之灵。而人之成为万物之灵，不以其肉，而以其心；不以其才，而以其智。

第七节 如何传承中国优秀传统文化

如何传承中国优秀传统文化值得我们思考和研究。在正确看待文化融合与矛盾的基础上，我们需要客观评判生存困境，同时，我们需要从精神家园的建构角度科学对待和传承中国传统文化。

一、努力构建文化关系的新模式

处理好主流与多元、"一"与"多"的关系，有利于我们构建文化关系新模式，这是传承中国优秀传统文化的逻辑前提。

发展主流文化的同时不能忘记倡导多元文化共存的发展道路，科学处理"一"与"多"的辩证关系，坚持唯物辩证法的观点与原则，允许其他外来文化与之结合，共同发展，统一起来。与此同时，我们既反对文化专制，又反对文化自由，要增强主流文化凝聚力和领导力。

中国文化发展的科学之路是构筑文化关系的新模式，在民主革命时期和社会主义政权巩固时期，人们需要斗争的理念。现在的"和谐"理念正是文化结合中国国情所做出的理性选择。

传承中国传统文化首先需要合作互动，在不同文化的和谐统一中巩固社会主义文化的主导地位。在具体实践方面，中国文化需要包容差异，整合多样性文化，达到巩固社会主义文化主导性的目的。

在努力构建文化关系的新模式中，我们需要在全社会确立社会主义文化的先进性和主导性，从不同社会需要出发，做出文化宣传的层次性判断，切勿过于理想化。

二、科学地对待各种社会思潮

社会发展必然带来文化领域的多元化，为了更好地传承和发展中国传统文化，我们需要遵循唯物主义历史观，丰富和更新文化内容。正确处理多元文化之间的关系，全面掌握文化基础，科学合理地看待各种社会思潮。

在复杂的文化领域，我们必须根据社会实践的变化及时做出调整，保持社会主义文化的先进性，改变阶级斗争的思维，关注人的价值，反对"左"和"右"的错误。

一般而言，我们认为社会思潮反映了一定阶级利益，具有一定影响力，有比较系统的体系。我们需要保持文化自觉性，客观对待多元社会，科学处理复杂的文化问题，正确看待社会思潮。

我们需要认清各种社会思潮的本质，理性看待它们，正确辨别不同社会思潮的本质差异。

多样性的社会思潮反映了学术性与政治性关系的统一。

理论一旦被掌握，能够变成物质力量，社会思潮通过理论优越性和学术求真性获得人们的认同，确立地位。人们必须用科学理论武装自己，看清文化现状。

三、辩证对待中国传统文化

中国传统文化具有丰富的思想精华，指导我国文化的复兴。传承与创新之间的辩证关系需要在发展和弘扬中国文化的过程中进行更好的处理。

在中国文化的传承和发展中，我们不能全盘否定，也不能认为中国文化传统很完美，没有任何不足，既反对历史虚无主义，又反对国粹主义，辩证看待问题，客观面对现状，不带任何偏见。

我们应对中国传统文化批判地传承，因为它本身就是一个庞杂的体系，正面与负面因素并存，所以需要在正确的方向指导下，运用科学方法，推动文化前进。

四、积极弘扬民族精神与时代精神

优秀的民族精神可以增加人们的归属感和自豪感。中国文化的价值观念和精神为中华民族提供了独特的精神气质，是安身立命之本。

我们需要发扬中国传统文化中的优秀思想，构建中华民族共有的精神家园，使中国传统文化成为民族性格，融入民族血脉，创新传统文化，与此同时，弘扬传统文化与文化创新不冲突，传承传统的同时，不忘吸收新的内容，保持文化与时俱进。

第一，要取其精华，去其糟粕。中国传统文化中有许多封建文化糟粕。因为，中国传统文化在很长时间内是在封建社会的母体里发展、演变的。历代以来，中国的封建统治者为了维护其统治，拼命地把中国传统文化当作救命稻草，对中国传统文化进行改造加工，对老百姓实行文化愚昧和文化统治，使中国传统文化，尤其是作为其核心的儒家文化里有许多理论是为封建统治服务的，需要我们认真识别。

第二，要以立德树人为根本目标，用文化来育人。中国传统文化关注立德树人。总的来说，不同于近代西方关注知识和专业技能的教育，中国传统文化一向以"立德树人"为宗旨。今天，教师需要抓住教育的关键问题与急需解决的矛盾，将德育、育人与文化学习相结合，把学生发展与德育相结合，让学生深刻体会到中国传统文化的内涵，同时解决他们发展中遇到的具体困难。

第三，要寓教于乐，在体验中学。文化教育应该让学生在体验中学习，寓教于乐。文化不是一个独立存在的学科，各种知识中都蕴含文化。在教育过程中，教师要通过切身体验，表现出积极的文化精神，学习中国传统文化不仅依靠课堂讲授，而且需要在社会实践中进行。

第四，要立志传承、创新中国优秀传统文化。学习的目的是传承，传承的目的是发展和创新。传承与创新密不可分，笔者在前文中讲过，传承中有创新，创新中不忘传承。

第二章 大学生传统文化教育探析

第一节 高校传统文化教育理论

作为传播社会主义先进文化、培养社会主义先进文化建设者主阵地的高校，肩负着为发展和创新中国特色社会主义新文化奠基的使命。

一、做好高校传统文化教育创新要以科学发展为主题

发展是高校文化工作的第一要务。推进高校文化发展，首先要有强烈的责任感和紧迫感。按照《国家中长期教育改革和发展规划纲要（2010—2020年）》关于加强校园文化建设的要求，高校应以关于文化大发展大繁荣的决策为契机，利用当前文化发展的战略机遇，把传统文化的传承和创新作为高校深入贯彻科学发展观的基本要求之一，进一步推动校园文化建设与不断深化教育教学改革，创新学生思想教育和管理模式，构筑全员、全过程、全方位育人格局，培养德智体美全面发展、身心健康的高素质人才，为高校教育整体工作科学发展、促进和谐提供思想保证和精神动力。

二、做好高校传统文化教育创新要以核心价值为任务

社会主义核心价值体系是"兴国之魂"，是中国特色社会主义先进文化的精髓，突出了社会主义核心价值体系建设的极端重要性和中国特色社会主义文化发展的方向。高校要把社会主义核心价值贯穿于师生教育、文明建设、教学改革和校园文化建设等工作的各个环节，要坚持用社会主义价值体系引领高校传统教育的发展和创新，形成思想道德统一、精神信念一致、创新原则规范的和谐境界。

三、做好高校传统文化教育创新要以社会需要为目标

高校要从一维的人才培养功能，增加到科学研究、社会服务功能，再到当下增加的文化引领功能。所以，高校文化教育首先要以满足师生精神文化需求为目

标，满足师生多方面多层次的文化需求，让师生及时了解文化发展的脉搏和充分共享校园文化改革与发展成果。高校师生是校园传统文化发展的主体，也是校园传统文化创新的主体。高校传统文化的弘扬与创新不仅要体现在文化发展的良好环境和氛围的营造，更要体现在传统教育的数量增加、质量提升、内容充实、形式多样等方面。

四、做好高校传统文化教育要以教育教学改革创新为动力

教育是创新能力的基础，文化是创新能力的灵魂。发展大学创新文化必须建立有利于创新人才培养的制度文化，特别是教育模式和激励机制创新以及在高校营造健康向上的校园文化。要进一步推进高校文化改革发展，必须加快高校文化教育体制改革，积极构建高校文化服务体系，努力发展高校文化事业和文化产业。高校文化创新要不断创新观念、内容和机制，不断激发高校师生的文化创新潜能。

第二节 大学生传统文化教育的内涵及意义

一、大学生传统文化教育的内涵

大学教育的宗旨就在于培养适应时代发展潮流的专业化人才。在社会群体中，大学生群体历来被视为文化素质较高的群体，他们肩负着中国特色社会主义现代化建设和实现中国梦的重任。目前在校的大学生，基本是在应试教育的环境中成长起来的。虽然国家的教育方针是旨在培养德、智、体、美、劳全面发展的完整独立的人，但是在现实教育发展过程中却并未真正贯彻落实。应试教育对当代大学生影响深远，当代大学生身上或多或少地体现了应试教育的影子，学习观念务实性较强，并受西方实用主义观念影响，他们普遍将学习看作一种谋生的手段，认为学习是为了在校期间获得较高的成绩，毕业之后谋取好的职位，获得长远发展，从而忽视了学习的过程同样是人格养成的过程。这种观念导致当代大学生对实用性相对较小的中国传统文化的学习缺乏积极性。中国传统文化源远流长，博大精深，在社会主义现代化建设的今天仍具有划时代意义。传统文化的继承和创新需要当代大学生积极参与和接受传统文化教育，提高自身传统文化素养，为实现中国传统文化的传承和创新贡献自己的力量。

大学生传统文化教育是以传统文化为教育内容，将其中精华部分有目的、有计划地施加传递给当代大学生的过程；是传统文化的积淀与传承过程；是传统文化去粗取精、去伪存真的过程。

二、大学生传统文化教育的意义

高校肩负着提高国民素质、培养适应时代发展的高素质人才的任务，同时肩负着弘扬发展传统文化的重任。在《全球化的利弊》一文中，美国学者罗伯特·缪尔逊曾指出："全球化是一把'双刃剑'，它既是加快经济增长速度、传播新技术和提高富国和穷国生活水平的有效途径，也是侵犯一个国家主权、侵蚀当地文化和传统、威胁经济和社会稳定的一个很大争议的过程。"在经济全球化和文化多元化背景下，当代大学生在多种文化激烈碰撞中生活和学习，开展大学生传统文化教育具有重要意义。

（一）大学生传统文化教育实现以文化人

教化功能是文化的重要功能之一。"文化教化功能是指在文化环境中处于核心地位的价值观念、思想信仰以及与此相一致的各种行为规范对社会成员思想的教化和行为的规范。"中国传统文化十分重视文化的教化功能，强调"观天文以察时变，观人文以化成天下"。这句话的意思是说要治理国家就需要观察自然运行规律，以明了时节变化和耕作渔猎的时序，还需要观察社会人文，了解和把握社会中的人伦秩序，从而引导天下人为人处世能够合乎礼仪，以成"大化"。由此可见，"人文"与"化成天下"具有十分紧密的联系，充分体现了"以文教化"的思想，体现了文化的教化功能。对当代大学生进行传统文化教育的过程就是用中国优秀传统文化对当代大学生进行文化教化的过程，它势必会对大学生思想和行为产生深刻的积极影响。

第一，大学生传统文化教育有助于大学生树立和坚持正确的历史观、民族观、国家观、文化观，不断增强中华民族的归属感、认同感、尊严感、荣誉感。大学生正处在人生观、价值观形成的关键时期，高校在这个时期对大学生进行传统文化教育至关重要。首先，大学教育面向未来，必须立足传统，致力于培养当代大学生正确的历史观。中国传统文化是中华民族历经5000多年的发展而形成的，高校对大学生进行传统文化教育必然需要批判继承中国传统文化，传承传统文化中对当今社会发展和大学生自身发展有用的积极成分。大学生传统文化教育的过程就是对传统文化传承的过程，有利于当代大学生正确看待历史和对待历史，树立正确的历史观，不断增强自身的归属感。其次，大学教育面向世界，必须立足传统，致力于培养当代大学生正确的文化观。在多元文化相互影响、彼此交流的文化背景下，传统文化教育不仅要立足传统，传承中国传统文化中的有益成分，还要吸收借鉴其他民族文化的优秀成分，使大学生在接受传统文化教育的过程中，树立正确的文化观，做到继承传统，博采众长，使外来文化的积极成分为我所用，不断推动中国传统文化的发展和创新。最后，大学教育面向现代化，必须立足传统，致力于培养当代大学生正确的国家观和民族观。随着改革开放和社会主义市场经济的发展，各国文化纷纷传入中国，多种文化相互碰撞、交流、交融、交锋的环境中，一部分大学生对外来文化情有独钟，以致忽视了中国传统文化在社会主义现代化建设中的积极作用。大学生传统文化教育有利于大学生领略中国传统文化的独特魅力，认识到中国传统文化在社会主义现代化建设和中华民族伟大复兴中的重要作用，从而增强大学生对中国传统文化的认同感、尊严感、自豪感和荣誉感。

第二，大学生传统文化教育有利于大学生自身思想道德修养的提升和健全人格的养成。《大学》开篇就讲，"大学之道，在明明德，在亲民，在止于至善。"这里的"大学"并非现代意义上的大学，而是儒家倡导的"君子之学"。当代大学生要想达到君子之学，就要遵守君子之德，学会内省，不断审视和完善自我，提高自身道德修养。"在明明德"，这是达到君子之学的关键，是心性光明的彰显，以达到至善至美为终身目标。大学生应该弘扬内心正大光明的品性，使本性中的明善部分发扬光大。"在亲民"，就是要求人通过"亲民"，彰显自身的光明品性，彰明德善，不断更新自我，完善自我。"止于至善"，就是追求人性中至善至美的东西，并以此为目标达到完美境界。总而言之，君子之学就在于彰显光明正大的品德，在于使人达到最完善的境界，强调的是人的道德素质以及自身修养问题。此外，孔子提倡"志于道，据于德，依于仁，游于艺"。孔子的意思是说，做事情要立志高远，要有一个境界；为人处世要有"德"，有处世准则，要抓住诚信这条生命线；为人处世彰显"仁"性，对内来说要有爱心，对外来说则是推己及人，"穷则独善其身，达则兼济天下"；自身道德修养达到了，就可以"游于艺"，博学笃行，学习知识，提高专业技能。"道""德""仁""艺"是为人处世过程中体现出来的自身修养。若非志向高远，只能落得俗气；若非以高尚的德行为依据，处世起来就无根；若非内在有仁，就不会胸怀天下；若非"游于艺"，何谈知识渊博，修养自然不够。当代大学生通过传统文化教育，有利于志道、据德、依仁、游艺的实现，有利于提升自我修养，做德才兼备的社会主义建设者和可靠接班人。

改革开放以来，我国逐步确立社会主义市场经济体制，极大地推动了国民经济的发展，在人民生活水平大幅提升的同时，国人的价值观念、思维方式、生活方式等也发生了变化，人们越来越致力于对物质利益的追求，致力于感官享受。当代大学生基本上成长于改革开放迅速发展的过程中，相较于上一代，他们拥有更加富足的物质条件、多元化的价值取向和生活方式，现代化在他们的生活中发挥了不可替代的作用，传统文化逐渐淡化。特别是在经济全球化的今天，某些大学生受西方实用主义、享乐主义等文化的影响，其人生观、价值观在一定程度上也发生了变化，很多传统观念逐渐被摒弃，民族自尊心和自信心受到损害，道德滑坡，甚至出现了拜金主义、享乐主义、极端个人主义倾向。这不仅对当代大学生自身的发展造成不利影响，对社会的发展进步也产生阻碍作用。"大凡出义则入利，出利则入义，天下之事，惟义利而已。"在义与利的关系问题上，儒家坚持"仁义至上"的理念，主张君子爱财取之有道；墨家主张兼相爱，交相利，认为"天下有义则生，无义则死，有义则富，无义则贫，有义则治，无义则乱"。要求义利统一。传统文化中"义"与"利"的协调延伸到当今社会就是精神追求与物质追求的协调。中国传统文化的义利统一观有助于当代大学生将精神追求与物质追求协调起来，树立正确的义利观。

第三，大学生传统文化教育有助于大学生从传统文化中获取巨大的精神力量，为中华民族的伟大复兴多做贡献。清末文人龚自珍曾说："灭人之国，必先去其史。"对于一个国家来说，历史文化占有举足轻重的地位，历史文化中所蕴含的巨大精神力量可以转化为物质力量。当今中国正朝着实现中华民族伟大复兴的目标前进，中华民族的伟大复兴首先是中国传统文化的复兴。中国传统文化中蕴含着巨大的精神能量，是中华民族强大的向心力。中国传统文化中蕴含的中华民族精神是中华民族凝聚力量、团结一致的精神能量，是培养和激发大学生民族自尊心、自豪感的重要因素。当代大学生在接受传统文化教育过程中，必然接触到丰富的传统文化资源，在领略中国传统文化独特魅力的同时，潜心借鉴前人所创造的文化成果，提升自身传统文化素养，增强对传统文化的认同。大学生传统文化教育有利于大学生获取巨大的精神力量，激发自身爱国热情和民族责任感，有利于大学生推动中国文化的复兴，并促使其将这份热情和责任感转化为建设中国特色社会主义的实际行动。

（二）大学生传统文化教育实现文化传承与创新

从文化的历史属性来看，文化的传承功能是文化的重要功能。所谓文化的传承功能，是指以时间为单位将某种文化持续地传递下去的功能。文化的传承对于民族的延续和国家的发展来说具有不可撼动的地位。当今社会的义利失衡现象，都与此有一定关联。传统文化教育坚持社会主义主流文化的主导地位，引导当代大学生吸收传统文化精髓，内化为自身修为，这有助于中国传统文化的传承和创新。文化的传承与创新是当代大学生传统文化教育的重要使命。

首先，大学生传统文化教育有助于中国民族文化基因的传递。文化是人类与动物相区别的本质特征，不同民族文化则是不同民族人民相互区别的重要特征。中国传统文化是中华民族世代发展和中华儿女代代相传的文化基因，中国人之所以是中国人，不在于地域，也不在于肤色，而在于中国人共同创造并时刻遵循的中国文化。假如，标志中华民族繁衍生息的文化基因发生变化或者不复存在，那么，"中国"和"中国人"这两个概念也就只有地域意义而无文化意义。当今世界，文化软实力在国际竞争中的地位和作用越来越突出。作为中华民族的瑰宝，中国传统文化必须为社会主义现代化建设和中国梦的实现提供强大的精神动力。因此，高校必须通过教育有意识、有计划地将中华民族的文化基因传承下去，加强对大学生传统文化教育，有助于大学生自觉传承和弘扬中国传统文化，推动中华民族的伟大复兴。

其次，大学生传统文化教育有助于大学生维护中国传统文化的文化安全。随着经济全球化的发展，社会主义市场经济发展迅速，我们在感慨物质生活和精神生活都大大改善的同时，会发现社会呈现出多元文化共存的局面，外来文化正悄然地进入我们的生活，如西方节日的盛行、西式婚礼的普遍、西式餐饮文化的蔓延等。特别是包括当代大学生在内的年轻一代，他们受西方思维方式和行为方式的影响较大，渐渐摒弃自己的传统。中国传统文化源远流长，博大精深，以其独特的包容性在漫长的历史长河中生生不息，这表明传统文化并不排斥外来文化，相反，传统文化可以充分吸收利用外来文化中的优秀成分充实自身。但是，我们应该有文化安全意识，当我们接触的外来文化越来越多，思维方式和价值观念越来越接近外来文化时，我们的文化基因就在悄然发生变化，文化渗透正慢慢发生。大学生传统文化教育有助于当代大学生树立正确的文化观，警惕和抵制外来文化对传统文化的不良侵蚀，使中国文化在世界文化激荡的大环境中站稳脚跟，不断传承和发展。

最后，大学生传统文化教育有助于推动中国传统文化的创新性转化。文化因交流而多彩，文明因互鉴而丰富。对待外来文化要在警惕文化渗透的同时，秉承海纳百川、有容乃大的心态将各种优秀的外来文化为我所用，特别是那些有益于社会主义现代化建设的外来文化成分，使中国传统文化既有自己的民族特色，又能够把握世界发展潮流。当代大学生是在多元文化环境中成长起来的，是中国文化与外来文化交流的桥梁和纽带。当代大学生传统文化教育有助于引导大学生立足当代中国社会发展的实际，"找回"被遗忘、被忽视的文化传统，批判地继承其中的宝贵资源，并积极吸收外来文化中的精华部分，处理好继承和创造性发展的关系，按照时代特点和要求，对那些至今仍有借鉴价值的内涵和陈旧的形式加以改造，赋予其新的时代内涵和现代表达形式，激活其生命力，并按照时代的新发展新进步，加以补充、拓展、完善，最终实现中国传统文化在当代的创新性价值转化。

第三节 大学生传统文化教育的主要内容与基本原则

当前，随着社会主义文化事业的发展，传统文化元素越来越多地走进高校课堂，对大学生进行传统文化教育成为高校不容忽视的内容。面对新时期、新形势和新情况，充分发挥传统文化的教育功能，大力继承和弘扬传统文化，必须坚持显性教育与隐性教育相结合，在传承中创新，在弘扬传统文化的过程中不断借鉴国外优秀文化。

一、大学生传统文化教育的主要内容

（一）以"天下兴亡，匹夫有责"为重点的家国情怀教育

家国情怀是一种高尚的道德情操，具体表现在一个人对国家的高度归属感、高度认同感、高度责任感和使命感。它是传统文化中最宝贵、最活跃的精神资源，是一个人对自己祖国、民族和人民的深情大爱，是对国家富强、人民幸福的一种追求。正是这种精神使得中华民族即使在极其危难之际，仍能屹立不倒。

家国情怀中蕴含着丰厚的传统文化积淀，是中华民族鲜明的文化特色。概括而言，家国情怀的内涵具体表现在个人对天下苍生民众关爱的朴素情感、个人对家园故土至深的热爱、对家国至上价值准则的认同和固守、对共同文化信仰的执着等方面。这些与传统文化中的"讲仁爱、重民本、守诚信、崇正义、尚和合、求大同"的价值观一起构成了传统文化的价值源流。正如钱穆先生所说："有家而有国，次亦是人文化成。中国俗语连称国家，因是化家成国，家国一体，故得连称。"在中国古代社会，政治管理模式是以血缘关系为基础的家国模式，血缘关系与政治关系相联结是我国古代政治的一大特色，在此基础上形成了"忠君孝亲"等一系列道德观念和规范。

在传统文化中，家国情怀说不完、道不尽。在中国文学作品、经典著作、思想文集、万卷史书、民间故事等中都蕴含着"家国"二字。古代经典著作《大学》中曾记载："古之欲明明德于天下者，先治其国；欲治其国者，先齐其家；欲齐其家者，先修其身。"这段话将国家、社会、家庭和个人联系在一起，组成了一个密不可分的整体，历代读书人以此为准则，毕生追求修身、齐家、治国、平天下的道德理想和行为准则。这种家国情怀在中国社会薪火相传，经久不息。从先秦的"修身、齐家、治国、平天下"，到汉代的"大风起兮云飞扬，威加海

内兮归故乡",到三国的"鞠躬尽瘁,死而后已",到盛唐的"安得广厦千万间,大庇天下寒士俱欢颜",到两宋时期的"精忠报国",到明清时代的"天下兴亡,匹夫有责",再到民国的"我自横刀向天笑,去留肝胆两昆仑"。家国情怀深深地烙印在中华儿女的内心深处,在中华文明的历史长河里涌现了无数拥有爱国之心的仁人志士,他们将自己的生死置之度外,心怀民族大义,时刻将国家利益放在首位。战国时代的屈原,汉代的苏武、张骞、王昭君,三国时期的曹植,宋代的岳飞、范仲淹、文天祥,明末的史可法,清末的魏源、严复、林则徐等,还有无数志士仁人,他们为国家的昌盛繁荣、独立自强,人民的安居乐业、幸福生活贡献了自己的一生。传统文化中丰富的爱国教育资源,是新时期大学生爱国主义教育取之不尽、用之不竭的源泉。

（二）以"仁爱共济、立己达人"为重点的社会关爱教育

何谓"社会关爱"？《完善中国优秀传统文化教育指导纲要》强调指出,主要处理好三种关系,即人与社会、人与自然、人与他人的关系。要心地善良、为他人着想、尊老爱幼、扶残济困、奉献社会、尊重热爱自然。在社会上形成人人都乐于奉献、热心公益事业的良好风尚。把青少年培养成讲文明、高素养、懂礼貌、有爱心的中国人。中国封建社会,历史悠久,长达2000年,在中国封建社会占据正统地位并且以官方意识形态统治人们的是儒家思想,其"以儒治世",是历代统治者及传统士大夫所选择的,从孔孟到明清各种儒学思想观点来看,都体现了统治阶级对儒学"为我所用"的改造,从而达到维护统治的目的,实现"治世"。

在儒家思想的诸多论述中,可以得出"处世"问题是其论述的重要命题,它主要探讨了人们怎样对待世界,怎样使人与人之间和谐相处,它是一种社会情怀,主要以"仁"为内核而展开,以儒家的忠恕之道——"己欲立而立人,己欲达而达人""己所不欲,勿施于人"等为金科玉律,构成处理人际关系的准则。它要求人们在生活中将心比心,学会换位思考,要想得到别人的仁爱,自己首先要仁爱别人,要想得到别人的宽恕,自己首先要有宽恕之心,自己不愿做的事不勉强别人,根据自己的内心体验来推测他人的感受,站在他人的角度思考问题,尊重他人的利益和想法,真正做到"理解他人,尊重他人"。

"能近取譬,可谓仁之方也已"（《论语·雍也》）,儒家思想要求人们不仅在处理人与人之间的关系时要遵循忠恕之道,它要求个体以己为中心,将仁爱的思想,不断地向家庭、社会、国家、自然推广,同时作为处理人与家庭、人与社会、人与自然的关系的准则。

这种立己达人的忠恕精神落实在个人与家庭关系中,就要求人们要尊老爱幼、孝顺父母、爱自己的兄弟姐妹。中国古代社会是由一个个家庭组成的社会,

家庭是社会的细胞，只有家庭和谐稳定，社会才会稳定，所以，古人一直十分重视家庭的和睦，反复强调家和万事兴。在家庭中忠恕之道是必须推行的，这种忠恕精神落实于家庭中就表现在，对父母的"孝"和对兄弟姐妹的爱，即"悌"。正如孟子所说："仁之实，事亲是也；义之实，从兄是也。"（《孟子·离娄上》）孝道是传统文化中最突出的特色，也是传统文化的重要组成部分。中华民族自古以来就有尊重老人的优良传统，"百德孝为首""百善孝为先"，中国历代都提倡孝敬供养父母。在处理个人与家庭的关系时，另外要处理的就是与兄弟姐妹的关系，中国社会一直强调要爱兄弟姐妹，兄弟如手足。《三字经》中孔融四岁让梨的故事是中国历史上脍炙人口的兄弟相敬相亲的典范；曹植的"本为同根生，相煎何太急"总能唤起人们对兄弟之间反目成仇相互伤害的谴责。

当然，儒家的这种忠恕之道并没有止于家庭，它向外扩展，落实于社会之中。"老者安之，朋友信之，少者怀之"，"老吾老，以及人之老；幼吾幼，以及人之幼"，都是忠恕之道的体现。在古代社会，儒家的伦理道德要求人们关心、爱护、尊敬他人，急人所急，想人所想，有时甚至可以牺牲自己的利益以成就他人的利益。它要求人们发扬"仁爱互济、立己达人"精神，提倡"四海之内皆兄弟"这种超越血缘关系的"泛爱众"。这些思想对于增强现今社会人与人之间的友善，减少矛盾和冲突，培养大学生的社会责任感和社会意识，仍有重要意义。

（三）以正心笃志、崇德弘毅为重点的人格修养教育

中国传统文化源远流长，在历史的长河中，不断升华凝练，蕴含了诸多治国、齐家、修身、正心的大智慧。这些精华内容，顺应时代潮流，与时俱进，始终保持着顽强和持久的生命力，铸就了中华文明精神内核的实质。在特定的历史背景下，传统文化的修养理论，成为人们维护正义、坚守家园、热爱民族的灵魂与精神支撑。在历史的长河中，中国传统人格观造就了舍生取义、保家卫国、充满正气的民族英雄。他们以自己的人格实践和从传统文化中汲取的营养，浇灌和培育了历史的文明之花。

传统文化对一个国家，对一个民族具有非凡的意义，一个民族如果没有自己的文化，就如同涸辙之鲋，民族消亡就在旦夕之间。传统文化对个人人格的养成具有重要的意义，我国各高校学生人格的培养应该立足在传统文化上。随着全球化的发展，各种文化和思想意识相互碰撞，大学生的日常生活中充斥着各种各样的价值观，在这样的时代背景下，高校更应该加大对传统文化的弘扬力度。但是这种对传统文化的继承和发扬，是现代人类文明在此基础上的再生，不是传统人格的复归。当代大学生人格培养要传承和弘扬传统文化，并使其发扬光大。

传统文化注重人格的修养，在历史的长河中共形成四种具有代表性和导向性的理想人格修养。

儒家注重完美的情操和崇高的道德，形成的是以"圣人"或"贤人"为目标的君子人格。孔孟等儒家代表人物，将尧、舜、禹、汤等古人理想化，赋予他们高于普通大众的人品、才能和诸多的丰功伟绩。他们身上闪烁着克己复礼、大道之行、天人合一、安邦定国等高尚品德，这些正是儒家所崇尚的，儒家将他们奉为所有社会成员的楷模。"仁"是这种圣贤人格的核心，它推崇仁爱思想，对内君子要孝顺父母，爱护兄弟姐妹，对外要泛爱众人，爱护社会上的每一名成员，延伸到自然界要爱护自然界的万物，时刻怀着一颗仁爱之心。这种仁爱之心外化为"礼"，在社会上时刻以礼待人，谦恭有礼，内外兼修。历代圣贤大都通过"格物""致知""诚意""正心""修身"的方式进行人格修养，最终达成"齐家、治国、平天下"的目标，在社会中尽职尽责，使自己的人格不断地提炼和升华。

以"强者"和"侠义"为理想人格的墨家人格。墨家要培养的是"利天下为志"的人格修养，这种理想人格有明显的功利主义色彩。主要包括忧患救世、兼爱、贵义等人格思想。它强调人们在社会中要互惠互利、互相帮助、义利并重。这一理想人格主要通过身体力行、实践救世的方式得以实现。它否定命由天定之说，人们在实践中要充分发挥主观能动性，可以通过强有力的方法从命运的束缚中解脱出来。人格修养的不断提升和理想人格的达成，可以在利国利民的实践活动中得以实现。

以"能法之士""英雄"为理想人格的法家人格。以韩非为代表的法家提出了以"英雄"为理想人格的人格修养追求。这一人格修养具有务实的特点，是一种理想型的政治性人格，重视法、术、势。它是法家在对社会现实深刻洞察以后提出的，对社会现实和人生世相有深刻的认识。这一理想人格主要通过"贵法""重势"等方式实现。它鼓舞人们建功立业，在治世中崇拜英雄，在乱世中呼唤英雄，是一种强烈的英雄崇拜。这种理想人格体现了改革、务实、创新等特点，有很多优秀的思想仍然符合现代社会标准的法理观念，对当代大学生的人格修养有重要的借鉴意义。

传统文化为大学生的人格修养和人生目标的设定提供了丰富和宝贵的文化资源，为大学生的理想信念教育和完美人格培养提供了有力支撑，也为大学生更好地理解中国特色社会主义，坚定共产主义信仰做出了有益补充。加强大学生的传统文化教育，有助于大学生树立科学的世界观、人生观和价值观；有利于提高民族自信心与自尊心，激发大学生的爱国热忱，使大学生的思想道德境界进一步提升。中国优秀传统文化的传承应立足大学生实际，有利于大学生健康成长和成才的优秀文化，才能真正体现文化育人的作用，才能使高等教育工作得以落实，才能真正体现文化传承的意义。

二、大学生传统文化教育遵循的基本原则

（一）坚持正确的思想导向，与现代思想教育相适应

当代大学生传统文化教育要坚持正确的方向，这是保持我国文化事业性质和方向的内在要求。改革开放以来，在发展社会主义市场经济过程中造就了多元化文化，但多元化文化并不是没有核心的文化。我国文化要想持续地繁荣发展，需要坚定社会主义核心价值观的指导，才能保障我国先进文化在世界各种思想文化的激荡中始终坚持正确方向，健康持续发展。

传统文化所表现出的行为规范、思维方式、价值体系，不仅具有历史性和遗传性，还具有现实性和变异性。它在历史中不断地发展、沉淀和传播的同时，还以特有的方式加以继承和发扬。

在当今社会中，传统文化的继承和创新最为直接有效的方式就是思想教育。传统文化教育要融入思想教育中，在传播中相互促进，共同发展。

（二）坚持传承中创新，与时代精神教育和革命传统教育相结合

一个民族的文化想要经久不衰必须不断地传承和创新。在改革开放和社会主义现代化建设的新形势下，高校对大学生进行传统文化教育要与时俱进，推陈出新，立足于社会主义现代化教育，同时还要继承优良传统，吸收精华，将其发扬光大。

传统文化凝聚着中华民族自强不息、历久弥新的精神品质，是全民族弥足珍贵的精神宝藏，以和为贵、天人合一、自强不息、厚德载物等精神都是中华民族宝贵的精神财富。高校对大学生进行传统文化教育，要坚定不移地传承这些宝贵的思想。例如《孟子》中提出的"富贵不能淫，贫贱不能移，威武不能屈"的自信自立的独立人格以及"乐以天下，忧以天下"的忧患意识，《论语》中提出的"天下为公""四海之内皆兄弟也"的天下大同精神以及"吾日三省吾身"的严于律己、修养不止的精神等。

不断地与时俱进、开拓创新是民族进步的灵魂，是国家兴旺发达的不竭动力。优良传统教育需要符合时代精神的要求，坚持以发展的眼光进行传统文化教育。不断地发展进步是时代的不变特质，这要求我们在看到传统文化中优秀思想内核的同时，也要看到传统文化与当今时代的时空距离。传统文化若想在当今社会不断地传承下去，需要不断地创新发展，使传统文化贴近当代大学生的日常。只有坚持与时俱进，才能更好地处理传统与现代、继承和发展的关系，才能使传统文化实现形式和内容的创新与转换，不断焕发出新的光彩，才能使大学生愿意接受、学习、运用传统文化。

（三）坚持传统文化显性教育与隐性教育相结合

教育有隐性教育与显性教育两种不同的外在形式，有不同的作用方法和效果。传统文化的显性教育可以结合我国教育体制的优势，利用各种公开手段和场所，有计划、有组织、有评估反馈机制，系统地实施。在实施过程中可以通过一种自上而下的具有规范性计划性的方法进行传统文化教育，在课程课时的设置上，教学大纲里有国家教育部门的统一制定和要求。

传统文化的隐性教育可以渗透在大学生的日常生活和学习中，通过潜移默化的方式对大学生的道德、思想、价值、情感产生影响。这样就可以在宏观思想的主导下，加上无计划、非正式、间接内隐的学校各种活动和文化使大学生不知不觉地学到中国优秀传统文化的知识，受到中国优秀传统文化思想精神的影响。

传统文化的隐性教育与显性教育之间存在相互补充、相互促进、相互融合的关系，有内在的统一性。高校课程教学要充分发挥各类中国优秀传统文化课程的合力，形成以传统文化理论课为基础，各专业课程相互配合的全方位教育体系。针对当代大学生的实际状况选用各种学习渠道，如校园活动、网络、媒体等，对大学生进行有益的引导和教育。在这一过程中充分发挥隐性教育与显性教育各自的优点，形成两者互补互助的方法体系显得尤为重要。

（四）坚持弘扬传统文化和借鉴国外优秀文化成果相结合

加强中国优秀传统文化教育，不仅要继续弘扬民族传统文化中的优秀成果，还要借鉴外来文化，汲取养分，创新传统文化。中国优秀传统文化的发展，吸收了世界其他国家的优秀文化成果，古人云"和而不同，有容乃大"。中国文明博大精深，经过历史的沉淀，铸就了民族文化的宽广胸怀，对其他外来文明，它不但没有排斥，反而进一步吸收并不断充实和壮大自己的文化。这一点充分证明了中国文化的包容与开放。一个勇于对外开放的民族才是有前途的民族，一种对外来文化有包容态度的文化才是富有强大生命力的文化。

21世纪，全球化趋势已成为一种潮流，文化更要有宽广的胸襟、海纳百川的品质。在全球化和信息时代，各种文化和各地文化不断地碰撞和交流，它激励着各民族不断地对自己的传统文化进行创新和再造。再优秀的文化如果不接受新的内涵，在社会上也难以富有朝气和活力。信息、时代和全球化的特点决定了民族传统文化的发展必然是一个世界性过程，一个国家要想保持文化的独立性，就不得不使自己的文化融入世界大潮中，在竞争中增强自己的文化实力。我们要在坚定不移地坚持中国优秀传统文化的基础上，积极汲取世界上其他国家的优秀文化成果。西方国家的文明成果在本质上也是世界文明的一部分，是人类共有的财富，我们应正确对待西方文化，在经济全球化浪潮下和各民族交往不断加深的趋势下，以全球视野和战略眼光，站在全球高度，创造性地将其他民族的优秀文化成果转化为自身的营养，增强我国传统文化的时代性和适应性。

因此，高校在对大学生进行中国优秀传统文化教育时，既要站在我国基本国情的角度上，充分考虑本民族的风俗习惯，又要积极地吸收和借鉴其他民族优秀的文化和思想；既要继承和传承中国优秀传统文化，又要积极吸纳其他优秀文化的精华。在世界文化的大潮下立足国情，不断发展、完善和更新民族传统文化，才能使传统文化保持本民族的独立性。

第四节 大学生传统文化教育现状及改进对策

一、大学生传统文化教育现状

当前我国大学生传统文化教育呈现出积极向好的一面，但也存在一些亟待解决的问题。在指出这些问题的同时，对问题产生的原因进行了剖析。

（一）大学生传统文化教育向好的一面

1. 大学生对传统文化的认同呈现可喜趋势

通过分析可以看出，当代大学生对传统文化的认同情况值得肯定。首先，对于中国传统文化，大多数当代大学生认为传统文化中仍有许多值得学习和发扬的精华，也有少数大学生持反对意见；其次，对于传统文化对当今社会发展的价值，大多数当代大学生持肯定态度，但也有极少数大学生持否定态度；最后，在大学生对传统文化的发展前景问题上，绝大多数当代大学生表示前景乐观，仅有很少一部分学生认为传统文化发展前景不乐观甚至持悲观态度。总而言之，当代大学生对传统文化的认同是大趋势，这是值得欣慰的，这为大学生传统文化教育的开展奠定了良好基础。

2. 高校传统文化课程设置呈现向好趋势

当代大学生传统文化教育主要是通过课堂进行的，所以一定数量的传统文化课程设置对大学生传统文化教育的成效有举足轻重的作用。近年来，各高校加强了对中国传统文化的研究，并相继将传统文化纳入教育教学体系和人才培养计划中。

3. 高校传统文化教育途径呈现多元化趋势

随着科学技术和网络技术的迅速发展，当代大学生接受传统文化知识和传统文化教育的渠道日趋多元化。调查显示，课堂教学和课本是大学生获取传统文化知识和接受传统文化教育的主要途径，分别占 55.8% 和 89%。同时，课外书籍、课外活动、网络媒体、家庭教育也是大学生获取传统文化知识和接受传统文化教育的重要途径。总之，大学生接受传统文化教育的手段和方法呈现多元特征，网络媒体等大众传媒为当代大学生传统文化教育提供了很多新的、为大学生喜闻乐见的教育方式，对推动大学生传统文化教育产生积极影响。但在实际教育教学过程中，传统文化教育主要采用课堂教学的方式进行，呈现出单一的特点。

（二）大学生传统文化教育存在的主要问题

大学生传统文化教育虽然有可喜的一面，但不可避免地存在许多问题，当代大学生传统文化教育面临的问题主要表现在以下四个方面。

1. 高校传统文化教育课程设置仍不合理

首先，大学生传统文化教育内容模糊。在现实生活中，许多大学生对传统文化的认识过于片面，甚至不知道传统文化究竟包括哪些内容，这归根结底是高校传统文化教育出了问题，传统文化教育内容过于模糊，教育内容的选择具有片面性。在大学生传统文化教育过程中，教育内容的选择主要依赖于教师，可以说教师课堂传授的内容就是大学生接收的传统文化内容。当前高校传统文化教育尚无具有权威性的统一教材，课堂教学内容的选择基本依赖于教师自己的专业、兴趣、自身知识储备，甚至有些教师依据学生的兴趣爱好选择一些糟糕的内容，仅迎合了部分学生的低级趣味，忽视了大学生传统文化教育效果，传统文化教育内容的选择具有很大的随意性。中国传统文化学派林立，各家各派观点迥异，除了我们所熟知的儒、释、道等各家各派的思想外，还有中华民族几千年流传下来的民族技艺等。面对如此纷繁复杂的内容，在大学生传统文化教育过程中，对传统文化中的核心内容进行凝练，让大学生全面地认识中国传统文化，这是教育工作者面临的一项重要任务。

其次，传统文化教育教材缺乏。大学生传统文化教育内容主要体现在教材中，到目前为止，在大学生传统文化教育方面还没有国家统一的、具有权威性的传统文化教育教材。有些高校年代久远，实力雄厚，在传统文化教育方面比较得心应手，师资力量雄厚，教材也能自给自足；还有部分高校尚不具备这种实力，高校传统文化教育往往是通识课教师根据自己的兴趣和自身传统文化知识储备准备讲稿，其科学性还有待商榷。如何选择教材，教材从何而来成为传统文化教育的一大难题。

2. 高校传统文化教育师资力量不足

专业教师是高校开展传统文化教育的主力军。课堂教学是传播传统文化的主阵地，而教师是"传道授业解惑"之人，在传统文化教育教学中占据主导地位。因此，要想传统文化教育达到预期效果，必须加强传统文化教育的专业教师队伍建设。从目前情况来看，高校传统文化教育的师资力量严重不足。

首先，高校传统文化教育的教师数量不足。一方面，高校进行中国传统文化研究造诣较高的学者数量偏少。放眼当前各大高校或者整个学术界，传统文化方面造诣较高的学者为数不多，而这些学者接触的学生范围比较小，数量也不大。另一方面，传统文化源远流长，要想掌握得精准，把握得全面，不深入研究、不付出长期的努力是达不到效果的，各高校真正对传统文化研究得透彻、水平较高的教师数量不多。而且，当前传统文化教育的授课教师大部分是中青年教师，这个年龄阶段的教师正处于精力旺盛之时，也是面临升职、学术研究、家庭等各种压力的时候，这势必会对年轻教师传统文化素养的提高产生不利影响。

其次，教师传统文化教育教学方法单一。当代大学生传统文化教育的方式方法愈加丰富，呈现多元化，但是课堂教学仍然是当代大学生接受传统文化教育、获取传统文化知识的主渠道。课堂教学主要采取教师讲授、学生受授的形式，以"教"为中心。在课堂上，教师扮演着支配者的角色，是传统文化教育教学活动的主体；而学生则处于被支配地位，是传统文化教育活动的客体，忽视了学生主体性、自主性作用的发挥。雅斯贝尔斯认为，"生命的精神交往"是大学的基本任务。教学过程的开展应该是师生对话交流的过程。虽然随着现代教育越来越重视学生的主体地位，教师的权威性呈现弱化趋势，但教师的权威性依然不容置疑，教师在课堂教学方法的选用、教学内容的选择、教学进度的掌握等方面依然掌握着主动权、支配权。这种模式，对于大学生掌握一定的传统文化理论知识是具有一定作用的，但是却容易造成学生主体意识的缺失。即使大学生刚开始对传统文化产生兴趣，如果长时间经受这种枯燥乏味的学习，大部分学生的兴趣会被消磨殆尽，最后甚至会对传统文化产生抵触情绪。我们倡导多样化的教育教学方式，抵制单一枯燥的教学模式，并不意味着抛弃课堂授课方式。课堂授课在大学生传统文化教育中依然占据主导地位，多样化的教学方式是调味品，可以增强当代大学生传统文化教育的吸引力。

3. 大学生传统文化学习主体意识不强

大学生传统文化教育，是以大学生为对象进行的传统文化的传播和继承。在这个过程中，高校应充分发挥大学生学习传统文化知识的主体意识，引导大学生积极主动地接受传统文化教育。但是，通过调查分析，当代大学生传统文化学习的主体意识并不乐观。

第一，大学生对传统文化兴趣不高。部分当代大学生群体对于东西方文化持有兼容并蓄的态度，具有较强的包容性。西方文化在当代大学生心目中占据了相当大的位置，某些大学生对中国传统文化兴趣不足，而倾向于外国影视作品、外国节日、外国书籍，当代大学生对传统文化的文化认同度有待提高。

在文化多元化背景下，各种文化形态和社会思潮共存，社会呈现出一派复杂景象。大学校园所特有的开放性使其容纳了多元文化的传播。当代大学生生活在多元文化相互影响、相互交融的环境中。当代大学生思维活跃，对传统文化知识了解不多，对传统文化的价值缺乏认知，在这复杂的文化环境中，很难对良莠不齐的各类文化做出科学准确的判断，从而对中国传统文化的认同不足，盲目崇拜外来文化，使民族自信心受到严重损害。

第二，传统文化知识素养有待提高。中国传统文化博大精深，内容广泛，而当代大学生所接受的传统文化有限。当代大学生通常略读一些文学名著、史学作品，只是选读原典的一部分，或者追求速度看现代简版名著，很少有人完完整整地通读原著。而且大学生对于中国古代著名人物或传统戏曲等知之甚少，即使有些大学生表示自己对某些名著或者人物的事迹比较了解，但是经不起推敲。由此可见，当代大学生的传统文化知识储备量不足，传统文化知识素养欠缺，学习传统文化的自觉性有待提高。

第三，大学生传统文化践行能力有待提高。笔者通过交流发现，很多大学生对中国某些传统节日的时间模棱两可，而对西方圣诞节、情人节等节日却了如指掌。这种种迹象表明，当代大学生在日常生活中深受外来文化的影响，大大减少了对中国传统文化的兴趣。通过大学生传统文化教育，大学生群体能够了解并掌握一定的传统文化知识，但是没有被内化为大学生自身的一部分，并未成为其行动的指南，当代大学生传统文化教育仍存在践行不足的问题。

4.校园传统文化氛围不浓厚

大学生传统文化教育的实施，不仅要依靠传统文化的理论教学，还需要发挥校园文化潜移默化的作用。校园文化氛围主要包括两个方面：校风和学风。当前，高校校园文化环境中传统文化氛围仍然不够浓厚，传统文化的育人氛围尚未完全建立。

第一，校风。所谓校风是指一所学校所呈现出来的氛围。如果一所高校校风优良并且蕴含着浓厚的传统文化底蕴，那必然有利于传统文化的传播，有利于陶冶学生情操，培养高尚品质，坚定远大理想，树立正确的人生观、价值观；反之，校风不良就会助长歪风邪气，对大学生传统文化教育的开展产生不利影响。校风很多是依靠校园物质文化环境体现出来的。部分高校为应对教育教学评估，不断扩大学校规模，建设新校区，将校园中原有的体现传统文化底蕴的古老校园建筑拆毁，而将充满商业化、模式化的建筑设计搬到校园中来，破坏了学校原本的传统文化氛围，不仅不利于大学生人文素养的培养和熏陶，更不利于大学生传统文化教育的开展。

第二，学风。在学校教育中，校风固然重要，良好的学风更是必不可少。学风是指在校学生学习态度和风格的总和。良好的学风能够使大学生形成好的学习态度和学习习惯，有利于大学生更好地接受传统文化的熏陶，推动大学生传统文化教育的顺利开展；而不良的学风则会消弱大学生学习的积极性，使大学生不思进取，阻碍大学生传统文化教育的进行。学风主要体现在校园学习活动的开展上。随着传统文化地位的不断提升，很多高校在传统文化教育活动的开展上都付出了很大努力，但目前来看，这种活动依然是不成体系的。大学校园传统文化活动主要是通过社团、学生会等开展起来的，例如，书法绘画活动、节日征文的征集、民族舞蹈等。一方面，这些活动基本都是在校园中开展，学生参与情况并不乐观，存在参与人数少、影响范围小的问题；另一方面，某些传统文化教育活动重形式轻内容，活动的开展并未真正达到传统文化教育的目的。

综上所述，当代大学生传统文化教育现状喜忧参半，大学生传统文化素养已不能满足社会发展要求，高校传统文化教育现状也不能满足大学生全面发展和成长成才的需要。

（三）大学生传统文化教育问题产生的原因

1. 高校对传统文化教育重视不足

中国传统文化是中国各族人民历经 5000 多年在劳动实践中创造出来的财富，是中华民族智慧的结晶，蕴含着丰富的教育资源。这些传统文化的教育资源理应融入当代大学生教育过程中。随着国家和社会对中国传统文化的日益重视，越来越多的高校都设置了传统文化课程，越来越多的大学生也能够深入学习传统文化。这是国家的进步，是教育的进步，但高校对传统文化教育还缺乏应有的关注和重视。

首先，高校重知识技能教育，轻人文素养的培育。近年来，随着国家对人才培养的重视，高校不断扩大招生规模，在校大学生数量和大学毕业生数量持续增加，使大学毕业生的就业形势越来越严峻。在这种形势下，高校的教育理念随之发生变化。为了提高大学毕业生的社会适应能力和求职率，高校教育渐渐倾向于重知识技能教育而轻人文素养教育，大学生传统文化教育受到了排挤。

其次，传统文化学习见效慢，部分高校不予重视。当今社会，生活节奏越来越快，人们越来越追求效率，传统文化的学习却从来都不是立竿见影的，传统文化的学习不能在短时间内速成，也不能像专业技术学习那样能够带来直接的经济效益和社会效益。因此，个别高校对大学生传统文化教育并不重视，资金投入少，教学资源分配少。部分高校在功利主义思想的影响下，大学生传统文化教育相关课程不仅设置较少，甚至取消了部分师资力量不足、学生兴趣不足的课程，例如，美学课、书法国画等，导致大学生传统文化教育难以有效开展。

最后，高校组织的传统文化相关活动较少。中国传统文化中所蕴含的民族精神、传统美德、思想道德等对塑造大学生健全人格、丰富大学生精神世界意义重大。然而，部分高校不重视大学生传统文化教育和传统文化的继承和传播，不但课程设置少，而且弘扬传播传统文化的活动也较少。这就直接导致大学生不但在第一课堂上不能接受传统文化教育，在第二课堂也无法接触和学习传统文化知识。高校传统文化教育重视程度不够，进展状况不容乐观。

2. 当代大学生对传统文化教育的必要性认识不足

当代大学生是在物质财富极大丰富和价值观念极大改变这一背景下成长起来的，相对于以前的大学生而言，其价值观念或多或少地发生了变化。

首先，传统文化信仰缺失。中国传统文化内涵十分丰富，其中儒家文化思想是中国传统文化的核心。当代大学生是在中国传统文化教育空窗期成长起来的，缺乏对中国传统文化的心理根基。在应试教育的影响下，大学生在高中时期接受的语文、历史等课程重知识，很少讲文化，教师更重视考试，造成某些大学生传统文化素养较低、传统文化信仰缺失的现状。

其次，重物质享受，轻精神追求。一方面，当代大学生基本出生于市场经济发展迅速的年代，物质财富比较丰富，没有经历过大的变故，生活安逸；另一方面，当代大学生基本都是独生子女，在家里可以称得上是"集万千宠爱于一身"。在这种安逸富足的环境中成长起来的当代大学生不懂得勤俭节约、艰苦奋斗等传统美德的意义，形成了重物质享受轻精神追求的价值观念，对当代大学生传统文化教育的顺利开展产生了不利影响。

最后，受实用主义价值观的消极影响，当代大学生价值观念的实用化倾向严重。随着改革开放，国门打开，西方实用主义思潮进入中国，实用主义思想成为部分大学生衡量事物价值的指导思想，他们以是否"有用"和是否能够带来经济利益作为行为的出发点和目的。传统文化的学习是一个耗时长、见效慢的过程，传统文化素养的提升是慢慢积累的过程，传统文化中的传统美德也不能迅速地转化为经济效益或即刻对人产生有利影响。因此，大学生对传统文化教育热情不高，他们把更多精力用在考各种证件等对就业有帮助的方面，传统文化备受大学生群体的冷落。

3. 传统文化教育受多元文化冲击

（1）外来文化冲击传统文化教育

一方面，伴随着改革开放，国门打开，许多西方的文化思潮纷至沓来，无论是社会学领域的实用主义思潮，哲学领域的存在主义思潮，经济学领域的消费主义思潮，还是心理学领域的人本主义思潮，都使得当代大学生的价值观念和思维方式发生了巨大变化。在这种文化环境的影响下，当代大学生对中国传统文化的了解少之又少，对许多富有民族特色的传统习俗、民族礼仪、民族节日等不予重视，不感兴趣，不利于当代大学生传统文化教育的顺利开展。

另一方面，当今大学生潮流感较强，很多西方的文化理念能够满足大学生求新求变求异的要求，以其独特的魅力改变着人们特别是当代大学生的生活娱乐方式、交往方式、语言习惯等。不可否认，这些变化在一定程度上对于开阔当代大学生视野起到积极作用，但也对当代大学生产生了危害。一些西方文化利用互联网覆盖面广、传播快的特点以及大学生求新求异的心理在网络上大肆推行，导致思想尚未成熟的大学生亲近西方文化，容易对其产生新鲜感和认同感，从而弱化对中国传统文化的认同感，造成部分大学生崇洋媚外，对外来文化趋之若鹜，对本民族的传统文化却不感兴趣。

（2）网络文化挑战传统文化教育

近年来，随着互联网的普及，以网络为载体的网络文化应运而生。网络文化以其开放性、多变性、及时性等独有的特点渗透到社会生活的方方面面，对人们的生活、工作和学习产生重要影响。网络文化中各种思想文化交流、碰撞、融合，在带来先进文化形态的同时，也带来了与社会发展不符的消极思想观念。一方面，网络文化良莠不齐。网络文化如微博、微信等以其独特的魅力改变着人们特别是当代大学生的生活娱乐方式、交往方式、语言习惯，为大学生传统文化教育提供了全新的文化环境和方便快捷的传播渠道，对大学生传统文化教育产生积极影响。但网络文化中也存在一些低俗、媚俗、庸俗的文化成分，对当代大学生的传统文化教育产生了不利影响，给大学生传统文化教育提出了挑战。另一方面，作为一种崭新的文化形式，网络文化除为当今生活带来方便娱乐外，也造成部分大学生困惑、质疑传统文化的时代性、继承性，认为传统文化属于古代的东西，已经陈旧过时跟不上时代潮流，对当代大学生传统文化教育的方式方法的多样化、趣味性提出了更高的要求，不利于大学生传统文化教育的开展。

（3）流行文化淡化传统文化教育

流行文化是应全球化发展与市场经济发展需要产生的，是被大众普遍喜欢和追随的文化形式。目前，无论是大学校园还是整个社会，流行文化种类丰富，例如，近几年火爆的真人秀节目、歌手选秀节目、韩剧、好莱坞大片等。流行文化无处不在，世界的各个地方、社会的各个阶层都有其青睐者，主要以年轻群体为主，而年轻群体又以大学生为主。

流行文化所代表的思维方式、行为方式、价值观念等都引起了当代大学生的共鸣，对当代大学生的生活学习产生了不小的影响。对流行文化产生的影响需要一分为二地看待。一方面，流行文化包含的各种信息、知识，有助于丰富大学生的知识储备，开阔大学生眼界；有助于充实大学生的课余生活，改善过去单调乏味的课余生活；有助于提高大学生的主观能动性和独特的创造性，使大学生能够更好地适应社会发展需要。另一方面，随着社会主义现代化建设的顺利进行，现代社会的生活节奏越来越快，竞争压力也越来越大。流行文化作为一种供大众娱乐的文化，追求的是以一种喜闻乐见、大众通俗易懂的方式来为包括大学生群体在内的各阶层调节生活。作为一种通俗文化、娱乐文化，它不要求对现实的理性思考，不要求秩序和规则，遵循的是自由、快乐的宗旨，满足生活在竞争激烈的现代社会的人们的需求，当然包括被社会寄予众望的大学生群体，但这却会在一定程度上对传统文化中的伦理纲常、文化秩序等产生冲击。而现在的大学生传统文化教育普遍存在方式单一枯燥、效果过于理想化的问题，与流行文化的自由、个性解放形成鲜明对比，这势必会影响大学生传统文化教育和传统文化传承。此外，大学生思维活跃，对新事物存在极大兴趣并能快速接受，特别是新潮的流行文化，大学生往往喜闻乐见，很快在大学生群体中传播开来。当代大学生思想单纯，几乎不谙世事，对良莠不齐的流行文化缺乏准确的鉴别和判断，盲目追捧流行文化。因此，大学生会全盘接受流行文化所传递的信息，受到其负面影响，而导致对传统文化的兴趣淡化，甚至抵触传统文化的教育和传承，这是影响当代大学生传统文化教育效果的重要原因之一。

二、改进大学生传统文化教育的对策

（一）深化高校传统文化教育教学改革

1.树立科学的教育教学理念

教育是社会进步和民族发展的基础，高校是培养社会发展所需要的高素质人才的摇篮。当前我国高校的人才培养现状不容乐观，普遍存在重智育轻德育、重专业轻修养的问题。中国传统文化是一种德行文化，曾经对中国古代社会生活产生了持久而深远的影响，成就了"文明古国""礼仪之邦"的美誉，在这样的背景下，从中国优秀传统文化中寻找智慧的源泉和精神的力量，培养德才兼备的大学生成为高校教育义不容辞的责任。

孔子提出"文、行、忠、信"的教育内容，通俗来讲，其中"文"是指理论知识层面，"行"是指社会实践层面，也视为德行，"忠"是指忠诚，"信"是指诚实守信。在这四项内容里，有关道德修养的培育方面占了三项。著名教育学家德瓦艾特认为，教育应有两个目的：一个是使学生聪明，一个是使学生成为有道德的人。无德不成才，只有德才兼备的人才称得上是真正的高素质人才，才能正确运用自己所学知识，为社会做贡献，反之，则有可能给社会带来危害。因此，为了适应社会的发展需要，高校应该转变以往重知识轻修养的教育观念，树立"立德树人"的教育教学理念，把道德教育放在高校人才培养的首位，重视中国传统文化教育教学工作，使大学生在传统文化教育中，学会忠实、诚信、勤奋、感恩、懂孝、爱国、奉献。

2. 合理安排传统文化教育课程设置

首先，均衡设置高校传统文化相关课程。传统文化教育的课程要根据各个学校自身的实际情况，理科院校、文科院校和综合类院校齐抓，必修课和选修课双管齐下，并且与学分挂钩，使非相关专业的大学生也可以多多了解传统文化，改善其知识结构。必修课方面可以开设关于中国古典文学鉴赏课，提升大学生文学修养；可以开设中国古代哲学思想，学习体会为人处世的心态、方式；可以开设中国古代伦理思想的相关课程，引导大学生树立正确的伦理道德观念。选修课的开设应该关注大学生的兴趣爱好，并以此为依据开设中国书法艺术鉴赏课、音乐绘画赏析课等。

其次，增加传统文化教育课程设置比重。就目前来看，高校教育教学体制中中国传统文化教育偏少，特别是理科院校和理科专业。因此，高校需增加传统文化教育课程的开设，如韩国高度重视本国传统礼仪并将其设为学生必修课。

最后，高校重视中国传统文化教育，除理论教育外，还应该重视实践教育作用的发挥。实践方面，可以定期组织学生参访附近博物馆、艺术馆、传统村落等，使大学生亲身体会传统文化的独特魅力；可以开展与传统文化有关的学术报告会、知识竞赛、辩论赛等，使大学生在参与各种文化活动过程中深入了解传统文化，体会传统文化的独特魅力。

3. 改革创新大学生传统文化教育教学方法

首先，充分利用校园文化活动进行传统文化教育。传统文化内涵博大精深，除了我们所熟知的儒、墨、法等各大学派的思想文化，还有诗词歌赋、民族戏剧、国画书法、棋类武术等，相对应的传统文化教育可以创新教育活动形式，提高大学生学习传统文化的积极性。例如，现在很多高校都创办了与传统文化有关的社团：话剧社、京剧社、读书会、影视展、知识达人等。在大学生传统文化教育过程中就可以充分利用这些社团，让学校宣传主办，通过听戏曲、看京剧、读传统文化书籍、举办传统文化知识竞赛、观看《红楼梦》等与传统文化有关的影片等来培养大学生对传统文化的兴趣，提升大学生的传统文化素养。

其次，充分利用校外实践活动进行传统文化教育。教育者的教育教学方式以及知识的传授不应仅局限于课堂，还可以合理组织一些户外活动，比如参观周边文化底蕴深厚的古建筑等。这样，可以增加学生学习传统文化知识的兴趣，使学生在潜移默化中领会传统文化的魅力，达到"润物细无声"的效果。

最后，充分利用网络技术开展传统文化教育。当代大学生是在网络大环境中成长起来的，在当代大学生传统文化教育过程中，一方面，教育者应充分利用网络平台，进行传统文化教育。当代大学生每天都会接触网络，几乎大部分时间都在跟网络打交道，所以，高校在新时期进行大学生传统文化教育，可以借助网络平台，营造传统文化氛围，将传统文化教育与网络结合起来，改变枯燥乏味单一的课堂授课。传统文化是古人所创造，而互联网则是现代的产物，完成传统文化的梳理工作，以及将中国传统文化与网络相结合要在稳定中缓步前进。所以搭建大学生传统文化教育的网络平台需要长时间的磨合，不是一蹴而就的。教育工作者可以与专业人员探讨，建立具有中国特色的传统文化教育网站，并研究开发有关大学生传统文化教育方面的软件，运用新颖的授课方式增强大学生对传统文化的兴趣。另一方面，充分运用网络舆论，引导大学生传统文化教育。互联网创造了地球村，其联通的力量是无穷的，运用网络力量，通过微博、微信等对中国传统文化的传播，做到虚拟网络与现实教育相呼应，使大学生在接触网络的过程中潜移默化地受到中国传统文化的熏陶，提高大学生对学习传播传统文化的兴趣，提高传统文化素养并落实到行动中，从而达到大学生传统文化教育的目的。要想充分利用网络这个强大的平台推进大学生传统文化教育，教育工作者必须努力掌握相关技术，创造出更多新方式吸引大学生的注意力，增强传统文化影响力，以更好地推进大学生传统文化教育的顺利进行。

4. 加大对传统文化教育的资金支持力度

大学生传统文化教育过程中，教育者起主导作用。首先，教育资金的支持应该是对传统文化教育者的支持。政府和高校应该鼓励高校教师对传统文化的研究并增加对传统文化相关科研项目的支持，以调动教育研究者的积极性，鼓励和引导学术界重视对中国传统文化的研究。其次，增加大学校园中对传统文化相关的校园活动的资金支持。大学校园中有各种社团，学校及学生自身都会开展一些传统文化相关的活动，如学术交流会、实践活动、娱乐项目、传统节日庆祝活动等。学校可以适当拨款，增加传统文化相关的学生活动的开展，在大学校园中营造出浓厚的传统文化氛围，使大学生潜移默化地受到传统文化的影响。再次，对受教育者也就是大学生给予资金支持。为了提高当代大学生学习研究传统文化的兴趣，深入挖掘优秀传统文化价值，国家和学校可以设立一定数额的奖学金，对在传统文化相关的活动、学术研究中取得较好成绩的大学生进行鼓励、支持，在很大程度上可以激发大学生学习研究优秀传统文化的动力，达到大学生传统文化教育的预期效果。最后，对学校物质文化环境建设给予资金投入。在大学生传统文化教育过程中，校园文化环境属于隐性的教育资源。环境幽雅、人文历史浓重的校园，高品位的校园建筑、文化设施必然对学生人文素养提升和人文精神的塑造起到积极作用。高校应加大校园物质投入，利用空间美化校园，在校园建筑、校园雕塑、标牌等方面融入传统文化的内涵，使大学生随时随地都能感受到传统文化的魅力。

5. 加强校园环境建设

校园环境建设主要包括两个方面：校风建设和学风建设。在大学生传统文化教育过程中，高校应全力打造良好的校风学风，以校风影响学风，以学风创造更好的校风。

第一，校风建设。在一定意义上，校风可以看作一个学校的校园文化，要做好大学生的传统文化教育工作就要营造良好的校园文化，为大学生传统文化教育的顺利进行打造一个良好的校园文化环境。

一方面，着力打造充满民族特色和传统特色的校园文化环境，为大学生传统文化教育创造环境条件。首先，在学校基础设施建设方面要体现传统特色。校园基础设施中要尽力融入中国传统文化的精神内涵，使得大学生在日常学习和生活中可以随时随地感受到传统文化的韵味，体会到传统文化的魅力。例如，学校图书馆、教学楼、宿舍楼等建筑可以将时代特色与传统风俗相结合，其命名可以借鉴古典名著；校园中花圃草坪的设计、雕塑的选择等都可以融入传统文化的气息，渗透传统文化的底蕴。其次，在学校走廊等合适的地方放置古人的名言警句、励志名篇等，将传统文化的内涵融入充满现代气息的大学校园中，使大学生可以随处感受到传统文化的魅力，于无形中受到传统文化的感染和熏陶，增加大学生自身的传统文化底蕴。最后，充分利用学校的宣传栏、电子屏幕、学院展板等，将一些具有代表性的名言警句、优美的诗词歌赋、励志故事等向学生展示，使大学生切身体会到传统文化的博大精深。总之，要建设充满传统文化底蕴的校园文化环境，就要充分利用校园中的每个走廊、每个展示区，使全校师生每时每刻都能感受到传统文化的魅力。

另一方面，充分利用校园传媒。当代大学生就是在网络环境下成长起来的一代，大学生的思维方式、思想观念等都受到网络的深刻影响，加强传统文化在大学校园的传播必须充分利用校园网络环境。首先，高校可以在学校网站上专门开设与传统文化有关的区域，这样可以扩大传统文化的受众面，师生之间、同学之间甚至大学生与校外专家学者及对传统文化感兴趣的人之间都可以互相交流探讨，增强传统文化的传播与交流，增加传统文化教育的方式手段。其次，高校可以通过校园网站、校报、大学贴吧等传媒手段，利用校园传媒速度快、影响广的特点，大力传播弘扬中国传统文化。最后，高校可以利用大学生喜闻乐见的QQ、微信、微博等交流方式，将传统文化中的成分以多种不同形式作为网络教育资源向大学生传播。

第二，学风建设。在大学生传统文化教育中，学校教育是传统文化知识传播的主阵地，通过学校教育，使大学生领会到传统文化独特的魅力，提高学习传统文化的积极性，树立高度的文化自觉和文化自信。当今大学生绝大部分时间生活在校园内，学风对大学生的学习方式、思维方式都产生深远持久的影响。因此，高校应该积极营造一种良好的学风，调动大学生学习的积极性，使大学生能够充分发挥主观能动性，传承、创新传统文化，做传统文化的传承者和创新者。

要打造良好的学风，学校应该全力开展以传统文化教育为中心的校园文化活动，充分发挥环境对大学生传统文化教育的积极作用，这不仅有利于营造良好的学习氛围，对传统文化的宣传也起到促进作用。通过开展形式多样、丰富多彩的校园文化活动，如文艺演出、研讨会等，加大对传统文化的宣传力度，在高校校园中营造出浓厚的传统文化的学习氛围，吸引大学生参与到传统文化教育中，推动大学生传统文化教育的顺利进行。

（二）壮大高校传统文化教育的师资力量

"师者，所以传道授业解惑也。"教师是教育教学活动的组织者、策划者，教师知识水平的高低将直接影响大学生传统文化教育的效果。近几年，《百家讲坛》节目受到了大众的广泛关注，主要原因是主讲人自身渊博的知识和风趣幽默的讲解方式深受大众喜爱。因此，在当代大学生传统文化教育教学工作中，壮大高校传统文化教育的师资力量势在必行。

1.增加高校传统文化教育的教师数量

壮大高校传统文化教育的师资力量，最基本的是增加传统文化教育的教师数量，扩大大学生传统文化教育的师资规模。

第一，扩大高校的办学自主权。要扩大大学生传统文化教育的师资规模，首先应该确保高校办学自主权的真正落实。国家可以通过制定和修改相应的法律法规，允许高校根据自身传统文化教育的发展需求和学生的培养计划，自主调整师资规模，适当增加高校传统文化教育的教师数量，以促进高校传统文化教育的可持续发展。

第二，转变高校的用人观念。当前，高校传统文化教育的师资队伍来源主要包括两个方面，一方面是高薪聘请该领域的专家、领军人物，另一方面是通过招聘引进新人。高薪聘请传统文化领域的专家、学者可以极大地提高传统文化教育师资力量，但是领军人物为数不多，并不能在很大程度上提高传统文化教育的教师数量。因此，高校应该转变用人观念，积极引进和培养大学生传统文化教育的新教师、新学者，着力增加传统文化教育的教师数量。

2.提高高校传统文化教育的教师质量

要提高大学生的传统文化教育质量，加强大学生传统文化教育，推动中国传统文化的传承，提高教师质量是关键环节。

第一，传统文化教育者要提高自身传统文化底蕴。这就要求传统文化教育者要树立坚定的理想信念和正确的价值观念。同时，传统文化教育工作者应该加强传统文化学习，熟知中国传统文化知识。深入体会中国传统文化内涵和魅力，认同并热爱传统文化，增强自身传统文化修养，以渊博的传统文化知识征服学生，创造出更多的传统文化新成果，为中国传统文化的传承和创新贡献力量。

第二，提高教师队伍的整体素养，加强教师队伍建设。一方面，高校首先应制定对教师选择聘用的基本标准。教师聘用标准应该因校而异，高校应根据自身传统文化教育的现状、面临的挑战，选择和聘用能够满足学校自身和大学生发展需要的教师。另一方面，高校可以先从本校现有的教育者中选聘传统文化教育者并加以培训，个别的聘请其他高校在传统文化教育方面造诣较高的专家、学者，提高自身传统文化教育的师资力量。

第三，学校还应该时常组织开展教师培训，为教师"充电"。学校可不定期地组织教师参加传统文化教育教学谈论会、专家座谈会以及传统文化知识培训班等，还可以聘请传统文化领域内的专家、学者开展专家讲座。时代发展瞬息万变，科技发展日新月异，传统文化教育工作者应该在自身传统文化修为的基础上进行反省、创造，不断学习充实自己，随时代的进步而不断更新沉淀传统文化素养，并学会运用新的教育教学手段，肩负起大学生传统文化教育的使命。

（三）提高大学生学习传统文化的主体意识

大学生群体是具有独立意识和活跃思想的群体，在大学生传统文化教育过程中，高校应充分调动大学生的主观能动性，发挥大学生的主体作用，推动传统文化教育。

1. 提高大学生传统文化学习的自觉性

在社会主义市场经济繁荣发展的今天，当代大学生的成长成才观念或多或少地与传统文化有所脱离，传统文化学习的自觉性不高。传统文化的学习并不是一蹴而就的，耗费时间长，效果不明显。因此，在传统文化教育过程中，高校要引导大学生认识到传统文化的价值，提高学习自觉意识，正确对待传统文化。

一方面，大学生要提高自觉学习传统文化的意识。当今社会，国家之间的竞争越来越趋向于综合国力的竞争，国家对人才的要求也越来越趋向于综合型人才。大学生应该认识到，当今社会对人才的要求不仅是技术型人才、专业型人才，更应该是知识广博的综合型人才。因此，大学生要想提高自身的综合素养，在学习必备的专业技术知识的同时，还需要接受传统文化的熏陶，提升自身的人文素养，致力于成为符合社会发展要求、具有较强竞争力的综合型人才。

另一方面，大学生要提高自觉反思传统文化的意识。在大学生传统文化教育过程中，培养大学生在学习中反思传统文化的自觉性十分必要。构建主义学习理论认为，知识不是外界强加的，相反，是由内在形成的，一个人的构建只对他本人是真实的，对其他人却不一定，所有知识都是主观的、个人的，是我们认知的产物。作为传承传统文化的主力军，大学生应该摆脱那种被动接受传统文化的自在状态，摆脱一味接受而不加以思考和辩证看待传统文化的态度，并树立文化自觉意识，自觉学习接纳传统文化，对待传统文化要坚持在学习中反思、在反思中创造的原则。此外，大学生在接受传统文化教育过程中要树立正确的心态，既不妄自尊大，更不妄自菲薄，主动自觉地学习传播中国传统文化，并在实践中自觉地运用，发挥中国传统文化的价值。

2. 提升大学生传统文化的知识素养

大学生传统文化教育的开展，其根本目的就是通过对大学生进行传统文化教育，使大学生能够正确认识传统文化，培养传统文化学习的兴趣，结合时代要求，在将传统文化中的精华内化为自身素养的同时，增强大学生传统文化的"文化自觉"，积极主动地传承发展和创新传统文化。

在传统文化教育过程中，大学生要在充分认识传统文化现代价值的基础上，多阅读传统文化相关书籍，多参加传统文化相关活动，在学习和实践中不断积累自身传统文化底蕴，提升传统文化素养，培养高雅情趣和独特气质，提高在日常生活、学习工作中为人处世的能力，开阔眼界，为自身发展提供精神支柱。

3. 增强大学生传统文化的践行能力

传统文化教育是内化和外化相结合的过程，而这里的外化就是将所学传统文化的道德要求等践行到现实生活中。当代大学生传统文化教育，不能只限制在应试教育模式下，不仅要学到传统文化理论知识，还要将所学落实到行为上；既要重视课堂授课、自主学习等的理论教育，更要注意传统文化的实践。提高大学生传统文化的践行能力，首先，高校应在传统文化教育教学计划中纳入实践活动，为大学生布置相关任务，完成任务才算社会实践合格。其次，组织传统文化的社会实践活动需要学校的资金支持，建立大学生传统文化教育的实践基地，调动教师组织活动的积极性和学生参加活动的主动性。为了增加传统文化教育的效果，高校可以与当地博物馆、艺术馆、历史文化遗址等建立合作关系，将其作为大学生传统文化教育的实践基地，定期组织大学生进行实践活动，使大学生通过传统文化教育实践活动将自身理论知识升华到文化认同、民族精神，落实到日常生活中。再次，作为教育教学活动的主导者，教师应该对实践活动加强指导，引导学生积极思考，使大学生将理论知识运用到日常实践中，并在实践中获得新的知识，从而促进大学生传统文化教育的顺利进行。最后，大学生应努力做到知行统一，提高自身传统文化的实践能力，将所学知识付诸行动，在日常生活中体验和传播传统文化的精髓，在积累中修养自身，使自己成为中国优秀传统文化的积极践行者。

第三章 传统文化教育的属性和功能

第一节 传统文化教育本质属性

教育是人类社会特有的一种社会活动，在人类社会中早已有之。但对于教育的内涵及属性，古今中外的人们却有不同的理解，这也是长期以来困扰教育学界的重要理论问题。

一、"教育"的含义

（一）"教育"的理解

"教育是什么？"或"什么是教育？"这是一个看似非常简单的问题，实则是个令人难以回答的问题。由于时代与文化背景的不同，历史上的人们对于"教育"也有许多不同的理解。

1."教育"的东方理解

在中国古代文字形成过程中，"教"字和"育"字在甲骨文中都有出现，但这两个字有不同的词源，也很少合并使用。词源：词的形式和意义的来源。探究词的起源，是历史比较语言学的一种研究方法。"教"学左上为"交"，组成易经八卦每一卦的长短横道，代表《易经》等传统人类文化典籍。左下为"子"，代表儿童。右上为"卜"，代表教鞭。右下为"手"，包含教学内容、受教者、施教者、教学方式，意为施教者通过严格的教学组织纪律而向受教者传授传统的人类文化典籍。字形分析：左右结构，这说明当时已认识到了教育是受教者与施教者两方面共同构成的双边活动；但从字形比例来看，强调教育活动中施教者居于主导地位，强调教师的支配作用。双边关系是不平等的。受教者手捧经书，象征当时的教育内容以经典的文化典籍为主，强调书本知识的学习；施教者手握教鞭，具有绝对的权威，也代表通常是以强制性的手段，甚至是武力的体罚来保证教学秩序和组织纪律。"教"字在古代汉语中的理解，例如，《中庸》："天命之谓性，率性之谓道，修道之谓教。"《荀子》："以善先人者谓之教。"《学记》："教也者，长善而救失也。"《说文解字》："教，上所施，下所效也。""育"字为上下结构，上边"古"为象形字，意思是从母亲身体中逆产的孩子，象征孩子先天具有叛逆性。下边"肉"为会意字，意思是养育孩子。《诗经·小雅》："长我育我。"《说文解字》："育，养子使作善也。"

2."教育"的西方理解

西方"教育"一词，英文和法文同为 education，德文为 erziehung，都是由古拉丁文 educare 演化而来。educare 前缀 e 表示"出"，词根 ducere 表示"导"，合并则为"导出，引导"的意思。在教育关系方面，在认识到教育是教师与学生的双边活动的基础上，更为强调学生的主体地位，教师相应发挥引导作用，双边关系更为民主、平等。在教育内容方面，在"学习不过是回忆"的理念基础上，重视学生的自我追求和自我选择。在教育方式方面，强调对学生学习兴趣和主动性的培养。

（二）"教育"的概念

"教育"是什么？古往今来，人们对于"教育"的理解千差万别。因为对"教育"概念界定方式和界定视角的不同，即使在各种正式出版的百科全书、辞典和教育学专著、教材中，关于"教育"概念的分析表述也各不相同。

1."教育"的界定方式

（1）"描述—操作"视角界定法

描述性定义，即描述被界定的对象或使用术语的方法，教育的描述性定义与描述性定义的共同之处在于将教育看作培养人的活动，但对于"什么样的活动才是教育"，并未做出明确的回答。夸美纽斯说过，只有受过一种合适的教育，人才能成为一个人。卢梭认为，植物的形成由于栽培，人的形成由于教育。康德曾说过，人只有依靠教育才能成人。

操作性定义，指根据可观察、可测量、可操作的特征来界定概念的含义。教育的操作性定义与描述性定义的共同之处在于将教育看作影响个体身心发展的活动。《教育大辞书》："广而言之，凡足感化身心之影响，俱得云教育。只称其结果，不计其方法；狭而言之，则惟具有目的，出以一定方案者，始云教育。"《中国大百科全书》："凡是增进人们知识技能，影响人们思想品德的活动，都是教育。"《国际教育标准分类》："教育是有组织和持续不断地传授知识的工作。"

（2）"社会—人类"视角界定法

这两种对"教育"概念的界定方法，都在一定程度上看到了教育的基本矛盾，但在视野上又都有一定的片面性。第一种从社会需要的角度来认识教育，支持者主要为苏联等社会主义国家的教育学支持者；第二种从个人成长的角度来看待教育，支持者主要为英美等资本主义国家的教育学者。实际体现的是不同人生观与成长观的差异。

2."教育"概念的界定

教育，是一种培养人的社会活动，它是在一定社会条件下促进个体社会化和社会个性化的过程。

二、教育的本质

教育的本质归结为"育人"。第一，体现教育的质性，引导促进人在知识、技能、情感、态度、价值观等方面发生变化、进步，育人而非制器；第二，教育的对象是人，人具有思想和情感、具有能动性，不同于物质材料；第三，教育的过程是育，教育必须采取人性化、科学化的方法引导学生，而非机械塑造；第四，教育的结果是化，促进由自然人转变为社会人。

三、传统文化教育的本质属性

本质不等于本源。人的本质是社会关系的总和，人的本质是自由自在的活动。人的关系对本质存在制约。人类的本质是自由自觉的活动。人作为一种物种，不同于其他物种。人的本质就其现实性来说是社会关系的总和。把本源上的问题当作本质上的问题。传统文化教育原理常出现的问题是，当我们强调发挥学生主体性的时候，社会现实会制约作用。

传统文化教育的本质是处在一个什么的状态？道德以两种形态存在，一是德行，我们性格特征的一部分；二是道德在生活中的表现，即德行生活，进而讨论德行生活。

传统文化教育的本质是什么？历史上有很多讨论。人性，古代为性善、性恶。归纳为两种善和恶。西方，伊甸园里的故事，亚当堕落，都抓住了人性的某一个部分。

德行是精神性和生物性的统一。德行在每个人身上有不同的表现，一个人如果动物性多，就会表现的过于俗气。因此我们说，还是生物人向精神人过渡的角色。人有两种生活，基本生活需要得到满足以后，就会产生更高的追求。马斯洛的需要层次理论就是最好的例证。人要活着，而且要有意义地生活。

传统文化教育的作用在于：让人更丰富，让人生活得更愉快，并形成良好的人际关系，平衡人的物质生活和精神生活。古代，君子提倡中庸，小人反对中庸。传统文化教育的根本目的就是提高人的精神生活，提高人们生活的意义。

四、道德在生活中的"存在"与传统文化教育的本质

道德在生活中有两种存在状态：一是表现为道德主体的品质，称之为"德

行";二是表现为道德主体的行为,称之为"德行"。(或称之为道德生活、道德实践、德行生活)。道德在生活中的存在问题就是人性、德行在生活中的存在问题。

关于人性,中国古代就有性善、性恶、性无善无恶、性有善有恶、性三品说等不同的解释,矛盾的焦点在于对善与恶两个端点的认识上。

德行即具体人的具体人性,不同的人表现出不同的水平:一个人的人格中某种程度上赋有人的精神含量,他某种程度上领会了人之为人的精神实质,某种程度上通过物质需求的满足而实现其价值目标。因而,德行既可以理解为人的生物性和精神性的综合,又可理解为基于生物性求索精神人格的中介环节。德行就是在人的生物性存在中实存的精神性。

所以,有三种人性存在:与动物性相联系的人的自然属性(本原性的人性)、与兽性相联系的人性(本质性的人性)、现实存在的人的综合属性(现实性人性)。

人性表现于人的生活。人性中有生物性和精神性的双重性质,人的生活亦可分为物质生活或精神生活(意义生活)。人追求物欲的满足,但又不甘于物欲的满足;人不仅要活着,而且要有意义地活着,活得有质量。人为活着而生活,同时人更为有质量或更有价值的生存而活着。这正反映了人类及其生活的本质,因此,人的生活也是二重性的,即物质生活和意义生活的二重性。物质生活和意义生活彼此内在地对立统一,即"德行"生活。人的"德行"生活也因其物质生活和意义生活的含量不同而水平不一。由此可见,德行生活实际上是物质生活、意义生活的综合,也可以说是由物质生活到意义生活的中介环节。

人性中的动物性不足以使人区别于动物,而精神性使人从动物中超越出来成为真正的"万物之灵",因此,精神性或神性更本质地表达了人性。物质生活是德行生活的基础,但人的生活的本质不是物质生活,人的物质生活总是服从于一定的生活目的(或意义)。

关于人性与道德生活、传统文化教育本质可以概括为:人性固然是生物性与精神性的统一,但人的本质却是对于生命质量或生活意义等精神性的企求。道德生活与传统文化教育有多方面的功能,但其本质功能却只有一个,那就是对于人的生活意义的求索和生存质量的提升。

第二节 概念的泛化

一、泛化:教育概念的还原

科学范型的分裂,是教育科学成为一门成熟科学的一个必要条件,但不是充分条件。教育科学的成熟，还需要教育论和教学论分别作为独立学科向各自的范型提升。就教育论（新的教育学）而言，首先要提高对教育现象的认识水平，依"感性的具体—理性的抽象—理性的具体"的辩证逻辑不断上升，从而发展出教育科学自己的一套科学范畴体系。而处于这套范畴体系顶端的"教育"概念，其抽象思维的水平应达到相当的高度，回应现实社会的现代教育在时间和空间上的泛化，体现了"逻辑的东西"和"历史的东西"的辩证统一。就历史发展的逻辑进程而言，这恰恰又是教育概念在更高的思维水平上向自身的复归和还原。"教育"作为一个逻辑范畴，它同时又具有历史的动态的一面，因为它所反映的人类教育活动经历了"自发的与社会生活的融合—经院化—自觉地与社会生活的融合"的发展过程。

随着社会分工的不断专门化，教育逐步从社会分工中分化出来，形成一种制度化、专业化、结构化进而官僚化的实践形式。经院化的教育，或者说学校"教育"，在范畴的矛盾运动过程中，已经走到了逻辑的另一个端点，人类社会发展至今，特别是信息化进程的加速推进，使得教育活动冲破了制度化框架，在空间上渗透于社会生活的各个领域，在时间上延展至个体生命发展的全过程，从而开始了向人类文化整体的自觉的还原。有趣的是，不仅教育的发展表现出这种趋势，而且科学、艺术，甚至自视"最高智慧"的哲学，也表现出向文化整体复归的旨趣。非理性主义的反叛精神、分析哲学对语言这一文化符号的浓厚兴趣、代表所谓"后哲学文化"的解构主义对文化的大众化的褒扬，都是哲学向文化母体皈依的印证。因此我们说，教育概念的泛化，既是合乎历史的，又是合乎逻辑的。理查德·罗蒂认为，"在一个后哲学文化中……'真理'将被看作不过是一个表示满意的形容词的名词化，而不是看作一个表示与超越的东西、不只是人类的东西的接触"。如果我们简单地把这一论断判定为文化虚无主义，就是庸俗的理解。这一论断，强调性地揭示了文化还原时代的思想特征。在这样的时代，如果我们指望新的教育科学很快给出"什么是教育"的精确答案，那是十分浮躁的表现。在这里，解构与重构都要经过一个相当长的逻辑的和历史的过程。用库恩的话来说，一场范型革命，总要留下许多"使人入迷"的"扫尾工作"，这就是常规科学的精确化、系统化，是科学走向成熟和走向新的革命的第三步。那么，作为"一个表示满意的形容词的名词化"的教育概念的初始内涵是什么呢？这个问题包括"历史的意义"与"逻辑的意义"两个方面。说到"教育"概念的逻辑意义，我们有必要将"什么是教育"和"教育是什么"这两个问题区分开来，前者要求的只是一个值域，而后者却给出一个确定的值。很明显，这两个问题的论域有全域与局域的区别。

二、整合：为了梦想

人类的成长，在很大程度上就是自我认识不断深化和自我控制能力不断增强的过程。把人类的自我控制能力提升到足以自觉地朝着理想的自由王国迈进，这曾是柏拉图等无数思想家的梦想。于是，人们创造了科学这种工具，用它来寻找人类文明演进的规律，希望通过把握这种规律来把握未来。然而，有一个中间环节不可忽视。"人类科学地理解文化的结构和过程并不意味着人类将成功地控制文化发展的进程。"文化是作为我们的类本质的对象化而存在的，因此，作为文化的主体的"人"是一个集体名词。

科学可以认识文明的演化规律，但科学的认识要有效地指导文明的演化，还必须通过泛化教育过程这一中介环节，实现人类的文化自觉。基于这样的认识，我们说，以泛化的眼光来看待教育现象、来回答"什么是教育"的问题，这将是人类一次重要自觉的起点。人类在自身发展史上的第一次重要自觉就是主客体的分化和二重化。这个自觉是人对其类的存在的自觉，实现这次自觉的中介活动是劳动。"正是通过对对象世界的改造，人才确证自己是类的存在物。这种生产是他的能动的、类的生活。通过这种生产，自然界才表现为他的创造物和他的现实。"正是在这种自觉的基础上，人类才得以"按照任何物种的尺度来进行生产"，"按照美的规律来塑造"，从而创造了我们今天的世界，创造了今天这座雄伟的文明大厦。但是，第一次自觉是有缺陷的、不彻底的。因为，首先，劳动成果的对象化虽然确证了人的主体地位，体现了人的本质力量，但它没有提供一种保证劳动者不断自觉地提高自己、不断认识自己与客观世界之间既依赖又改造的关系的机制；其次，主客体的分化只确立了人与客观世界的对象关系，以及在此基础上人与人之间的关系，既是主体又是客体的人与人之间的关系问题并没有完全解决。文明高度发达的今天，环境危机、能源危机、道德危机，社会的现代化与现代人的原子化并进，这便是"逻辑的东西"作为"具体的、历史的东西"向我们显现出来。人作为类在更高水平上与自然界整合，作为类在更高水平上向自身整合，这要寄希望于人类的第二次自觉，即人通过对自身的改造，确证自己是自觉的文化的存在物。只有这时，人类才真正把自己从动物世界中分化出来。动物可以有初级的"类"的形态，却不可能有任何层次上的文化形态。

有了第二次自觉，人类的每一个成员都能认识到自己的一举一动的文化意义，认识到自己的行为对他人（包括晚辈，也包括长辈和同辈）的影响，认识到自己现在的活动对自己的类的未来的作用，也自觉地认识到自己的行为方式与自己的类价值的关系。有了第二次自觉，人类才把分裂的科学精神与人文精神在高一级的文明中整合起来，从而正确地认识自己与自然界的关系，真正领悟到自己在宇宙中的意义。这时，它作为一个类，才真正站到了客观世界的主体地位上。

有了第二次自觉，人类会把眼前的、局部的利益置于长远的、整体的利益之下。每个人都时刻意识到自己是类的一分子，时刻对类负责。这样的人的价值观才称得上是人类的价值观。

第三节 传统文化教育的功能

一、功能的概念及其认识

教育功能与教育目标、效果既相互区别又相互联系。所以，树立正确的教育功能观具有重要的实践意义。

首先，正确的功能观有助于目标的确定。过高则力不从心，过低则潜力挖掘不够。怎么确定任务？哪些因素影响我们确定任务？确定一个任务不能根据自己的主观愿望，而是考虑学校实践的功能。

其次，正确的教育功能观有助于适度、适当的教育评价的形成。"想要教育干什么"和"能够干什么"是有区别的。在中国，人们对教育抱有过高的期望，人们总是用"应是"的眼光来看待教育，常以"神话"的眼光看待教育现实，于是对教育的评价多为"实效太低"。我们需要用"实是"的眼光看待教育，理解和支持学校教育。

最后，有时候传统文化教育被赋予太多东西，历史证明，我们只有正确地认识教育功能，才能发挥教育的作用。

二、主要功能

（一）社会性功能

传统文化教育的社会性功能主要是指传统文化教育对社会政治、经济、文化以及生态环境等发生影响的政治功能、经济功能、文化功能、生态功能等。有的传统文化教育有利于社会的发展，有的传统文化不一定与社会相符。当一个社会处于没落的时候，传统文化会阻碍社会发展。

古代中国是一个特别重视道德教化的国度，人们较早地关注了传统文化教育社会性功能。但在理解上往往片面、直接，缺乏中间环节的说明。对这一功能的认识必须注意：

1. 树立全面的功能观

传统文化教育的社会功能很多（政治、经济、文化、环境），中国传统文化教育比较政治化，每一项社会功能有很多因素。比如培养孩子创新，不能让孩子老是守成。

2. 传统文化教育社会性功能实现的间接性

学校教育功能有显性功能和隐性功能，直接功能和间接功能之分。社会性功能实现的首要环节在于学校通过系统本身影响、塑造对象的品德或道德人格，引导德才兼备的学生为社会各行各业做出贡献。

3. 文化功能是学校教育功能的中心

学校传统文化教育本身是文化的因子，学校的核心功能在于传播伦理文化，使学生完成伦理、政治方面的社会化，同时，使之具有伦理、政治方面的创新能力。学校的政治、经济、生态诸功能均依赖其文化功能的实现而实现。

4. "适应性"功能问题

在我国，关于传统文化教育的"适应"问题有很多论述，但依然摆脱不了不适应现实的种种诘难。

首先，适应不是一对一的追随，应是对社会现实继往的回顾、对未来的前瞻，并据此对现实的合乎实际的分析判断，缺少任何一方面都是错误的。

其次，学校传统文化教育对于社会现实的"适应"还有一个适应"谁"的需要的问题。学校要有四种现实需要：一是适应作为类的一员的人的共同需要；二是适应特定社会发展的需要；三是适应个体发展的需要；四是适应与学校其他平行子系统协同的需要。

（二）个体性功能

传统文化教育个体性功能是传统文化教育对教育对象个体发展所能产生的实际影响。个体性功能的实现不能脱离社会性功能，社会性功能的实现也需要以个体性功能为中介。接受教育就是获得未来生活的能力。当教育对象没有成为一个合格的人时而被推向社会，就不能发挥其功能。

1. 个体生存功能：德—得

道德观念、原则、规范看似是约束个体的异己的东西，然而它却能够使个体在社会性的生活中生存下去，同时由于具有充分的社会性，个体秉承社会给予的力量，才能最大限度地生存下去，完成人生任务。（人际规则，道德规则，原始人和现代人是不一样的。）从人类的角度看，伦理规范乃是人为自己立法，是内在而非外在的东西。"德福一致"的原则，道德有利于个体的生存及其质量的提高。

2. 个体发展功能：静—动

即对个体品德结构的发展所起的作用，对个体人格的促进功能。应注意两个问题：必须充分尊重道德学习个体的主体性；二是通过必要的规范学习和价值学习形成社会理性。

3. 个体享用功能：苦—乐

传统文化教育可以使个体实现某种精神上的需要，感到做奉献是一种人生幸福，是个体人生价值的提升，从中体验到满足、快乐，获得精神上的享受。

（三）教育性功能

1. 价值教育属性

赫尔巴特曾说，没有无教育的教学。"教学"是对知识的传授，"教育"则是对价值的引导。传统文化教育的教育性功能的实现实质上是整个教育活动精神本质的实现。教育是教人做好人的活动。所以说，教育活动有价值性。教育对任何一种健康的活动都有推动作用。

2. 对智育、体育、美育等的促进作用

一是动机作用；二是方向的作用；三是习惯和方法上的支持。

三、落实教育的教育性功能的注意事项

1. 教育系统本身教育功能发挥的自觉意识的确立

教育工作者必须以塑造健全的人格为己任，正人先正己。

2. 打破教育与教学、"人师"与"经师"的阻隔，使教育与体育、美育的关系复归其统一的原本

不能一味地抓升学率而忽视了品德教育。学生领略了数学的简洁之美，也应了解图像之美。传统文化教育活动贯穿于教育活动中。应当使传统文化教育的教育性功能渗透到每一个教学活动环节，要实现这一目标，必须解决两个问题：一是提高教师的人格品质；二是实现"经学"与"人学"的统一，把理论的学习和思考道德融入现实的工作和实践中。

第四章 中国优秀传统文化与高校学生素质教育

第一节 素质教育内涵

素质包括某种性质或品质，人的素质具有心理学方面的含义。广义上的素质不仅指个人，还指广泛的群体，比如职工素质、企业素质等。狭义的素质专指个体经过学习获得的心理品质。素质经过后天的学习而发展。

一、素质的内涵

知识进行一定的内化和升华形成素质，知识只是素质形成和提高过程中一个发挥基础作用的元素，有足够的知识不一定具备较高的素质。素质属于一种比较稳定的品质，需要知识的积累和沉淀来获得，当知识积累到一定程度时，就会通过外在的形式表现出来。素质对一个人的影响深远，直接或间接地影响一个人对外界人和事的观点和态度。

素质不是持久不变的，随着外界环境的改变，素质会相应发生调整。可以说，素质具有稳定性和可变性。我们通过学习和深造能够提高素质，但不良环境也会影响素质。从高等教育领域来看，素质由四个部分组成：文化素质、业务素质、身心素质、思想道德素质。

当前我国素质教育中的"素质"内涵为：对人们进行影响和教育，进而让人们在学历、品质、能力方面具备优良特征。学生的潜力是无限的，这些特征会在他们今后的工作、活动、生活中体现出来。基础知识和技能的学习让学生具备学识特征；道德品位属于品质特征；通过学习获得发现问题、分析问题和解决问题的能力属于另一种特征——能力特征。

素质本质上是一种结构系统和品质，其中，对外界事物的认知、相关生活经验的形成、个人的兴趣爱好等都属于素质的一部分。

心理品质内容丰富，既有情感、兴趣方面的，又有智力、认知方面的，既有专业知识方面的，又有思想道德方面的。三观是否深刻和正确、道德底线是否坚定等都是心理品质的一部分。

二、素质结构

认识素质的本质需要我们了解它的结构。人的素质非常复杂，有独特的内容和特点。不同的科学分析侧重的角度不同，因此笔者把各种分析综合在一起，以便更系统地了解素质。

（一）身体素质、心理素质和社会文化素质

1.身体素质

身体素质是人类素质的物质基础，一般来说，身体素质包括体力、体质、体能、体形等。体力可以衡量一个人的身体是否强壮，体质指身体各个部分是否健康，体能指身体各个组织功能是否正常，体形指身体的形态塑造是否符合审美，这也是衡量身体素质的一个标准。

2.心理素质

心理素质包括心理倾向性、心理品质、心理承受挫折的能力。狭义的心理素质与社会文化素质没有关系。如果一个人心理倾向性好，他就会努力追求自己喜欢的活动，排斥不喜欢的事物，有选择性地关注自己感兴趣的信息。当某种信息正好与自己的精神追求一致时，他就会产生感悟和启发，产生深刻的记忆。如果想加快知识经验内化，就需要找到个人的心理倾向性，提高培养的效率。

心理品质方面，我们可以有计划地培养一个人观察、记忆的能力，同时发展这个人的情感和意志。此外，一个人面对伤痛的承受能力，以及面对困难和刺激的忍耐力非常重要，也属于心理素质的一部分。

3.社会文化素质

社会文化素质是在前两种素质的基础上发展形成的，这种素质是个人素质发展的最高层面。社会文化素质来源于个体与社会文化的相互作用，代表着一个人整体素质的方向和本质。

（二）思想道德素质、文化素质、专业素质、身体心理素质

从教育的角度出发，人的素质通常包括四个方面，即思想道德素质、文化素质、专业素质和身体心理素质。

1.思想道德素质

该素质的核心就是我们通常所说的"三观"。该素质是素质结构的核心和主导，主要包括理想追求、信念等因素。

2. 文化素质

没有一定的文化基础，无法谈及文化素质。文化素质是其他几方面素质的基础，包含修养、文化基础、品位等，文化素质不高，身体心理素质也会受到影响。

3. 专业素质

社会上几乎所有人都是通过专业工作来为社会贡献自己的力量，从事某种工作需要的基本素养被叫作专业素质。

4. 身体心理素质

稳定的身体和心理品质非常重要，这两种品质可以通过素质教育得到培养和锻炼。身体心理素质是整体素质的基础。

（三）科学素质、人文素质、身体心理素质

从知识经济发展要求的角度出发，人的素质结构可分为三种：科学素质、人文素质、身体心理素质。

人们在学习中通过掌握科学思想和方法，获得科学知识，借助科学来处理日常生活中的问题，这些都被称为科学素质。与科学素质不同，人文基础知识和人文思想、方法则被叫作人文素质。

人文就是以人为本，人们通过对自己、他人、世界有一个整体的认识，来追求生活的价值和意义，探索精神世界，更好地解决问题。什么叫作丰富的内在世界？一个人拥有正确的价值观、热爱生活、热爱人民、个性鲜明、审美积极上进，这些就代表着精神世界的富足。

人文的发展离不开科学，人文想要很好地发展，必须以科学规律为基础，反过来，科学需要以人文为方向。比如，利用现代技术做出一些违法乱纪的行为，这些就是反人文的、不道德的。同样，符合人文标准，但没有科学依据的也可能事与愿违。科学与人文相辅相成，互相配合，缺一不可。

正确处理和应用信息需要结合科学知识与人文知识，多学科合作才能解决难题。因此，大学生需要全面发展、广泛涉猎、多方向学习，努力做一个复合型人才，科学知识与人文知识都要关注和学习。

人文方法和科学方法的结合还可以促进个人创业能力、职业能力的发展。科学方法侧重逻辑分析，人文方法侧重反省、感悟。直觉、灵感更多来自人文和艺术中，但有些时候科学也需要直觉和灵感。

总的来说，科学讲"天道"，人文讲"人道"，科学从客观出发，是基础和前提；人文从主观出发，是为人之本。要想做一个素质较高的人，需要将两者统一起来，正确看待社会、自然、他人和自己。

（四）理性素质、感性素质、情感素质、身心素质

从对素质结构的概括来看，一个完善的人应该具有以下四种素质：理性素质、感性素质、情感素质和身心素质。

理性素质是一种根本的力量，具备这种素质的人通常逻辑思维清晰、思考问题客观、获得知识全面、分析问题深刻、解决问题精准。理性素质致力于追求"真"。

感性素质的根本动力是人类对"美"的追求。感性素质较好的人善于分享感受、品味生活、欣赏美好、体验幸福，他们具备这种需求和能力，致力于对生存环境的提升和对"美"的创造。

人与人之间关爱、关心和互助的内在需要被称为情感素质。对群体的关心、关怀加上爱的情感构成了情感素质。情感素质是人类关心集体利益、关注大局的情感基础，道德是它的活动领域，它的本质力量是对于"善"的追求。

身心素质指的是有健康的身体和心理，身体健康，体能良好，同时具有良好的自我修复能力，内心不轻易受到伤害。

很多人在关注理性素质的同时忽略感性素质，其实，感性素质能使我们体会生活的美好，只有个人体验到美好和幸福，社会才能实现幸福。一个人只有在感性体验能力方面有所提升，才能真正感受到幸福。当今社会，人们拥有良好的物质生活，但是生活幸福感不能与物质生活相同步，感性体验能力为物质文明建设和创造幸福社会搭建了桥梁。一个人如果缺少感性体验能力，就容易过于看重实用性因素。

日常生活中，建筑、设计、装修、建材、工业设计等工作都离不开具备感性素质的人，现代物质文明正是结合了感性样式和实用性能两个因素，才得以被创造出来。

第二节　新时期大学生素质现状

一个国家的国民素质好，国家综合实力就强，国家发展就快。当代大学生是现代化建设的主力军，如何提高大学生素质教育早已引起社会的广泛关注，这是一个复杂、漫长的过程。

一、正确认识问题

（一）知识、能力与素质的关系

早期的高等教育，比较重视知识的传授。工业化以后，高等教育又比较重视

能力的培养。面对新科技革命的形势，人们越来越意识到培养人的综合素质的重要性，从教育应该适应社会和科技发展的角度来看，强调素质培养的思想显然是科学的。但是，我们不能把素质与知识和能力对立起来。知识是能力和素质的基础，没有知识就不可能形成能力，也不可能形成素质。能力是在掌握知识的基础上形成的，较强的能力又能获取更多的知识。素质与知识和能力相比，处在更高的层次上，对人的发展和人为社会做出多大贡献起核心作用。在知识的传授、能力的提高和素质的培养三个方面，只有把素质培养放在首要位置，才能适应社会和经济发展的大趋势。

（二）大学生素质教育具有明显的针对性

我们要一分为二地看待我国高等教育现状。一方面，已经具有一定的规模，有一套较完整的教学、管理和思想政治工作体系；另一方面，还有许多地方不适应社会主义市场经济，不适应当代科技发展的趋势。强调素质教育主要是针对现有教育的以下缺陷而言的：其一，专业划分太窄，知识分割偏细，使学生的学科视野受到了限制，理工科学生缺乏社会科学知识，文科学生缺乏自然科学知识。其二，偏弱的文化陶冶，使学生的人文素质和思想底蕴不够。长期以来，人文教育在非文科教育中地位十分薄弱，基本上停留在几门基础课的基础上。大学应是精神文明建设的辐射源，现状与这一要求很不相称。其三，过重的功利导向，使学生的全面素质培养和扎实的基础训练受到影响。一方面，教育对学生谋求职业、提高适应能力、改变社会地位等具有功利性；另一方面，教育在陶冶人的情操、坚定人的理想信念、提高道德素养、打好广博的知识基础、丰富人的文化生活、建立和谐的人际关系、培养创新能力等方面，具有很强的非功利性。教育对社会发展的作用，是通过提高人的素质间接发挥的。忽视教育的非功利性一面，削弱教育的教化作用，迷失教育的精神目标，必然导致培养的学生缺乏关于人类与社会的整体观念及对社会的责任感，缺乏做人与做事的深厚根基。其四，过多的共性约束，使学生的个性发展受到抑制。现实的教育存在一种重共性轻个性、重一致轻多样的偏向，一律用统一的标准要求和衡量学生，不利于每个学生全面发展自己。其五，在现实教育中，存在教育片面化现象。教德育的只强调德育，教智育的只强调智育，教体育的只强调体育，没有把教育的出发点和落脚点放在提高人的全面素质上。其六，高等教育中教师对学生的单向灌输，忽视了教育过程中学生的主动参与。

二、新时期大学生素质的现状和特征

21世纪，我们身处的世界发生了很大变化，全球化趋势日益明显，知识经济已现端倪，现代社会对人才的综合素质要求逐渐提高。大学生是从应试教育体制下成长起来的一代，素质教育尤为关键。总的来说，我国大学生面临新世纪的机遇和挑战，整体素质不断提高，综合能力不断加强，是适应现代化的趋势和知识经济潮流的。但是，大学生在个别素质上不容乐观，甚至有些方面令人担忧，这些问题应引起重视。

（一）当代大学生素质基本状况

现阶段，我国大学生在思想品德素质、专业素质、文化素质、身体素质和心理素质五个方面主要呈出以下情况。

第一，当代大学生的思想道德素质总体是好的，有比较明确的政治目标，但是缺乏稳定性与系统性，缺乏有效的价值评估。当代社会是一个经济开放、文化多元的社会，各种意识形态和价值趋向都在影响大学生，面对这些选择，大学生改变了过去陈旧和固执的观点和看法，积极追求先进思想，有意识地提高自身的思想素质。各级教育部门及其他有关组织都对其进行了积极的辅导和教育，帮助在校大学生树立有理想、有道德、有文化、有纪律的"四有"人生观。

随着我国综合国力的增强，以及在国际政治、经济和文化事业中取得的可喜成绩，爱国主义依然是高扬在当代大学生心中的一面旗帜，爱国主义精神在青年中依然最具感召力和凝聚力。

由于思想、文化和知识背景的差别，当代大学生对社会的道德评价不一，整体水平虽有所提高，但在道德行为与认知水平上依然存在差距，如在比较自己与朋友和其他青年社会公德状况的评价中，呈现出对自己的评价高，而对朋友和其他青年的评价依次下降的态势。一方面，反映了部分大学生对道德建设大环境与个人生存小环境之间不和谐状况的感受；另一方面，反映出部分青年在道德问题上存在对人对己的不同标准。多数大学生在道德认知上与社会要求基本一致，普遍具有高尚的道德追求，向往理想的道德境界，正义感明显增强，但是自律性依然不强。

在坚持主流思想道德的背景下，当代大学生的思想道德素质日渐呈现出多元化倾向。对于来自不同政治、经济、文化和历史背景下的思想，他们不是一概排斥，也不全部吸纳，而是逐渐形成一种内容丰富、层次多样、思想开放的状态。但是，在这种幼稚和单纯的开放性下，却隐含着大学生群体思想道德素质的不稳定性与非系统性。身处于社会转型时期，面对激烈的竞争和日新月异的知识更新，大学生激烈的思想变化是客观的，由于青年特质和时代特征的影响，他们的思想变化起伏比较大；同时，因为盲目地接受不同的思想文化，对不同道德评判标准的影响不加筛选地吸收，使得思想道德素质缺乏系统性，处于混乱状态。

当代大学生的价值观趋向多元化，分化显著，有的方面也出现了综合回归的趋势，向更加现实与理智的方向发展，自我实现与服务社会整合，但在这些多元的、多层次的价值中缺乏一种行之有效的价值评估体系，这就造成了大学生缺乏一个对于自身思想道德素质合理的评判标准。

第二，当代大学生在专业素质方面越来越重视学习，基础素质好，但是，对专业的认同和个人的爱好追求不一致，专业知识肤浅，比较注重工具型知识的学习。信息社会给人们带来了知识的压力，知识经济时代的到来给每一个人提出了新的要求：广博、灵活、创新。"活到老，学到老"，不再是少数人的美德，而是对社会群体的普遍要求。中国目前存在的就业压力和社会竞争的日益激烈，都迫使广大在校大学生日益看重学习，学习已成为一个参与社会竞争、提高生活质量的前提条件。同时，学习也被大学生看成一种终身活动，是人的一种基本的需求。大多数大学生都认为，学习在社会主义市场经济的体制下，是改变一个人命运的有效途径之一，而且是十分重要的途径。近年来在大学生群体中兴起的"考研热"和"考证热"可以说明这一点。

我国正处在应试教育向素质教育转轨的时期，现在接受大学教育的学生，多是从应试教育的体制中成长起来的，入学前是以考上大学为目的，对专业选择也多是看重社会的需求和潮流，忽视了自己的兴趣和爱好，这就导致许多大学生入学后对专业的认同和个人的爱好追求不一致，影响了对专业知识的学习，对本专业知识了解肤浅，只是为了应付考试，对专业知识缺乏深刻的钻研和探讨，更少见对本专业的独到见解。

当代大学生受到就业和社会需求的影响，一般更注重计算机、英语等工具型知识的学习，很多学生认为学习只不过是获得大学文凭而已，或为老师而学习，缺乏真正的专业认同和专业精神，没有把大学特别是本科的学习看成是培养自己专业素质的重要阶段和过程。针对这一现象，大学生需要在学校期间参加专业实践，通过在实际工作中运用所学的专业知识，培养职业感和专业认同感，这样可以弥补他们在专业学习上的不足，促进理论与实践的统一，提高当代大学生的专业素质。

第三，当代大学生是综合素质较高的群体，在文化素质方面的表现更加明显。当代大学生是在改革开放以来较为完善的教育体制下培养出来的，教育条件比较优越，教育方法比较科学，所以，他们的整体文化素质比较高。特别是近年来，中央大力倡导素质教育改革，大学教育以"素质教育"为核心，培养德、智、体、美、劳全面发展的学生，学生不仅学到了基本知识、基本技能，还在文化素质方面有明显提高。总体来看，当代大学生的文化素质水平比较高，主流文化是积极向上、健康活泼的，大学生的开放观念、发展观念、效益观念、人才观念、民主观念、法治观念和竞争意识、进取意识等进一步增强。他们主动掌握现代交往工具，提高参与国际文化交流的能力，对科学和真理执着追求，拥有开拓进取和勇于创新的精神。

社会文化的变迁对当代大学生产生重大影响，传统社会是一个"同质性"很高的社会，而现代社会的重要性则是他的"异质性"，他们接受的系统教育受到各种外来文化的影响，这些原因造成大学生在文化素质方面形成了多元化的倾向，这种选择的多元化促使不同的文化产生撞击，进出火花，同时也给当代大学生带来了各种各样的个性特征。丰富多彩的文化成果和精神享受，多元的文化素质，使得当代大学生在知识结构、拓宽视野上更趋向于国际化和全球化，培养了大学生探索未知领域和开创新局面的能力。

由于当代大学生的思想并不成熟，对文化的吸纳有时缺乏辨别能力，影响了大学生的价值取向，在文化内化过程中产生了矛盾和混乱。这些亚文化不能和主流文化相容，不是先进文化的代表方向，妨碍了大学生的健康成长。有的大学生对社会（或是政府）所倡导的主流文化产生逆反情绪，表现出了盲目"崇洋"或是盲目"崇古"的不良倾向，这是由青年人和他们所处的经济、文化条件所决定的。因此，他们需要一些健康的社会实践，培养其积极向上的文化素质和方向。

第四，当代大学生的身体健康素质比以前有所提高，但是心理健康问题较为突出。从物理指标来看，当代大学生身体发育情况好于以往，平均身高、体重和胸围等指标都高于过去，营养结构较为合理。但是，由于课业负担的加重和对于自我保健知识的贫乏，大学生中的近视率高于以往。优越的生活条件改变了他们的体质，但是不良的生活习惯和落后的健康观念影响了他们的身体素质，如"通宵上网""通宵游戏"和"暴饮暴食"等不良的生活习惯非常普遍。另外，部分大学生体育锻炼程度低于以往，缺乏耐力和意志，他们表现为不够"强壮"和"耐用"。

当代大学生以独生子女为主体，受社会政治、经济、文化的快速发展，社会转型所带来的种种变化和影响，当代大学生的心理问题较为突出，主要表现为心理不稳定、缺乏安全感和认同感。虽然当代大学生比较注意自己的身心健康，但是，在面对激烈的社会竞争和繁重的课业压力，以及复杂的人际关系等问题时，大多显得手足无措。有一项调查显示，当代青年对他人的信任度不高，即使在好朋友之间，相互的"防范心理"也是较强的，大学生之间的"社会凝聚力"比较低。这一代大学生多为独生子女，由于生存空间与环境的变化，独生子女之间的交往通道变得狭窄、局促，在某种程度上甚至压抑了天性的发展。如何与人相处和交流成了大学生心理素质教育的一项重要内容。

以上是对当代大学生健康素质的概括性评价，呈现出这样的状态说明素质教育是有效果的，大学教育正在由应试教育转变为素质教育，大学生正逐步走向成熟，他们的综合素质也在不断提高，符合社会发展和进步的趋势。但由于当代大学生是在应试教育条件下成长起来的一代，处于社会变革激烈和教育模式转变的时期，他们具有不稳定、不成熟的特点，缺乏系统性和认同感。

（二）大学生素质的影响因素

大学生素质的影响因素主要包括以下几个方面。

第一，社会环境发生的巨大变化对大学生成才观的影响。大学生是社会的人，一个人不可能脱离社会而单独存在，计划经济体制向社会主义市场经济体制的转变导致人们价值观发生变化，这必然会影响大学生的成才观。市场经济为大学生施展才能提供了广阔的舞台，经济的调整发展必然需要大量的人才。大锅饭、平均主义不再垂青大学生，"考研热""考博热""电脑热""外语热"在校园出现。"给头脑充电，为竞争加油"是当代大学生的口号。这充分体现了市场经济中的大学生成才意识变得更为积极主动。

任何事物的发展有其积极一面，也有其消极的一面。市场经济在肯定个人利益的同时，容易造成个人主义膨胀。过多地考虑个人设计、个人奋斗，从而导致大学生缺乏社会责任感。另外，伴随市场经济出现拜金现象，大学生为发财而成才。他们不再注重一个人的道德品质修养和传统的献身精神、全心全意为人民服务的精神，而是以赚钱的多少来衡量一个人是否成功。

第二，大学生自身的因素。大学生一般都处在青春期，这一时期随着生理上的急剧发展，使大学生有较强的自我意识。同时市场经济又培养了他们自主、自立、自强的个性，许多大学生表现为一只脚刚跨进大学，另一只脚便急于跨入社会。他们意识到，了解和适应社会，与学习和掌握专业知识同等重要，在实践中锻炼成才成为大学生的共识。同时，市场竞争越发激烈，使越来越多的大学生感到知识的重要性。书到用时方恨少，他们如饥似渴地接受新知识，学习过硬的本领，而不满足于本专业的学习。许多大学生利用业余时间学习电脑、外语等知识。这表明，如今的大学生具有较强的竞争意识，但同时又具有冲动、简单、片面的一面，将自主独立等同于个人主义，片面追求个人主义，把个人利益置于国家和集体利益之上，将个人利益视为其出发点和归宿。片面追求享乐主义，将享乐看成人的本性和人生目的。赶时髦，比阔气，讲排场，追求生活上的高标准，高消费。

第三，学校教育的严重脱节。与不断变化的社会现实生活和大学生的实际相比，学校教育出现严重的脱节。主要表现在：①长期以来忽视德育的重要性，有关政策朝着智育方面倾斜，培养目标较多地强调工程师、管理者、研究人员，与社会主义人才共同的价值要求——有理想、有道德、有文化、守纪律等有明显的距离，以至于在社会文明程度理应最高的地方，还在补基础文明、社会公德这一课。②长期以来未形成一个适合当代大学生特点的科学的教育体系和教学方法，以至于大学生一进入大学，因近期目标消失，便显得无所适从，从而导致大学生学习目的不明确，难以适应社会的巨大变化。③学校教育与社会脱节。学校教育与社会的导向是很难分离的，大学不是"世外桃源"，学校教育是为社会培养人才的，要引导大学生逐步适应从校园人格向社会人格的转变，直面社会，正视现实。引入积极因素，抵御消极因素，造就适合社会需要的合格人才。

纵观大学生的素质现状和形成原因，不难看到，市场经济对大学生素质的形成有明显的负面效应，导致大学生对自身素质的培养缺乏全面正确的认识。但社会主义市场经济，既有市场经济的共同性，又有其自身的特殊性。从共性来看，市场经济帮助人们确立自立、竞争、效益等观念；从特殊性来看，社会主义市场经济是同社会主义基本制度结合在一起的，要求人们有整体观念、合作观念等，以社会主义特有的精神和道德的力量来达到共同富裕。这就对市场经济中的大学生的素质提出了更高的要求。

（三）当代大学生应具备的素质

从历史唯物主义观点出发，一方面，我们应该看到个人对社会的依赖性；另一方面，社会的发展进步与个人的素质关系是极为密切的，社会对不同人群的素质要求是不尽相同的，除了共同要求之外，对大学生这个特殊群体有不同于一般人的要求。

大学生应具备什么样的素质结构，应当从哪些方面自觉地进行素质修养呢？早在改革开放初期，我们对教育的要求是教育要面向现代化，面向世界，面向未来。三个"面向"提出了教育要培养人的综合素质发展问题。但在对三个"面向"的理解上出现了一些问题和偏差，如把"面向现代化"片面理解为高科技，忽视精神文明和人的素质现代化；把"面向世界"片面理解为科学技术没有国界，忘记了科学家是有祖国的；把"面向未来"片面理解为"专业知识＋外语＋计算机"，忘记了怎样做人是人的素质的第一要求。这些偏差，实际上已造成一定影响，应引起我们足够的重视。

今天的大学生是明天的建设者和创造者。跨世纪的人才素质应当具有哪些特征呢？一些学者认为，应具备三个基本特征：一是国际通用型。因为国际交往日益频繁，这不仅是科技发展的趋势，也是经济发展一体化的必然要求。未来人才如果不面向世界，就很难为开放的中国做出新贡献。二是一专多能型。科学家预测未来人们在社会发展中遇到的问题将具有五个基本特性，即普遍性（任何国家地区普遍存在）；整体性（人类生活方方面面）；复杂性（政治、经济、文化、人口、技术、生态、伦理等）；深刻性（一般措施难以解决）；严肃性（关系到人类的生存与发展）。因此，解决未来这些问题的人在素质上必须是一专多能。三是正义型。未来人才的素质，不仅需要知识与技能，而且需要强烈的事业心与责任感。他们不仅为自己的生存与发展而奋斗，还必须用自己的才智为国家、为人类的共同发展做出贡献。

未来的大学生必须有效地吸收人类一切文明中有用的信息知识，并自觉地服务于进步和正义的事业。也就是说，跨世纪的大学生不仅要有坚实的基础知识，很强的工作能力，而且必须学会做人，具备优良的思想素质、品德素质、心理素质，先做人后做事。根据人的基本素质的含义分析和社会发展对人的基本素质要求，当代大学生的基本素质结构必须包括道德素质、科学文化素质和身体心理素质等层面。

第三节 中国优秀传统文化对大学生素质教育的影响

作为一种既定存在，中国优秀传统文化必将成为高校人文素质教育的文化背景。

优秀传统文化的精华会对学生产生积极影响，所以高校需要正确引导学生了解、接触优秀传统文化，把市场经济的消极影响降到最小。

一、中国优秀传统文化的基本要素

中国优秀传统文化是前辈们传承下来的优秀成果和历史的结晶。它的基本构成包括三个要素：

首先，中国人内在的精神生活形式是中国优秀传统文化的核心。

其次，外在的物态形式也可以反映中国优秀传统文化的内容，如人们衣食住行的习惯与行为规范等。

最后，传统文化具有民族性，属于世界多元文化的组成部分。特定的"生态环境"孕育了中国优秀传统文化，也养育了中华民族独特的心理特征和丰富多彩的文化特质。

二、中国优秀传统文化教育的必要性

高校开展中国优秀传统文化教育对于全面提升大学生的道德素质、文化素质，深刻领会中华民族的伟大精神，具有十分重要的作用。

（一）有助于提高大学生的思想道德素质

传统观点认为，大学生"三观"教育和理想信念教育等宏观教育最重要，教师较少在为人处世方面指导学生，因此引导力度还远远不够。

中国古代教育关注个人内心修养。古代教育家的理论广博、深邃，其很强的哲理规范影响着我们的道德行为和意识。中国优秀传统文化是关于"德行"的文化，关注人的道德修养。

优秀道德传统的范围很广，比如"仁者爱人""以德治国""厚德载道""实事求是"等，这些必然对当代大学生的思想、行为产生积极作用。

（二）有利于提高大学生的民族自尊心和自信心

《周易》中"天行健，君子以自强不息；地势坤，君子以厚德载物"恰到好处地反映了中国的民族精神。另外，"天下为公，世界大同"的理想精神等也反映了中华民族刚毅、奋进的人生态度。

（三）有利于消除不规范的市场经济带来的负面效应

市场经济的发展，使很多人变得功利和现实，他们为了钱不惜牺牲别人的利益，做人做事没有底线，互联网上对此的宣传存在模糊、误导等倾向，这些对当代大学生的影响不容忽视。很多大学生"先利后义""见利忘义"，这种情况之下，教师需要清醒地认知现实，结合学生的思想实际，进行正确启发和引导。

三、中国优秀传统文化教育采取的方式

今天，很多高校依然只关注专业基础知识、技能的传授，忽视人文精神的培育，一些理工科大学甚至把自然科学和社会科学分割，这就导致很多理工科学生缺乏文化底蕴，对中国传统了解甚少，综合素质较低。很多大学生因为对民族文化的漠视，在国家观念、民族情感、集体意识、审美情趣等方面变得麻木冷漠，传统文化意识淡薄，整体素质不断下降。

（一）普遍开设中国优秀传统文化教育通识课程

近年来，经济、法律等专业很热门，而文史哲等学科备受冷落。国家文化发展规划纲要中明确提出，高校需要加强传统文化教学与研究，开设中国语文课。因此，高校把传统文化作为必修课纳入培养方案，为大学生学习中国优秀传统文化提供平台，帮助他们提升知识素养。

（二）多方位发掘学科课程的人文内涵

在学科课程方面，特别是文科相关课程的讲授应该侧重于发掘其中蕴含的文化资源，结合本学科特点把中国优秀传统文化融入其中，做到融会贯通。比如，大学语文课可以和历史、政治等因素相结合，增加优秀传统文化作品的魅力。在自然科学课程中加入历史教育，将科技与传统文化相结合。

（三）转变传统的授课方式

优秀传统文化通识课程的教学不能照本宣科，否则会让学生感到枯燥无味、兴趣平平。教学方式需要推陈出新，用学生喜闻乐见的形式，方便学生理解和接受。比如，央视的文化系列讲座形式活泼，备受观众欢迎。

第一，要关注传统经典中的现代因素，从现代视角和新时期的语言环境出发，对传统经典进行明确、合理的调整与阐释。

第二，在考虑学生对历史、文化深度把握的同时，不能居高临下、过于照本宣科，而应兼顾基础水平，从学生的兴趣爱好出发，以大众的角度，使传统文化教育更加通俗易懂、深入浅出，使学生乐于接受。

（四）努力提高教师的中国优秀传统文化素养

当前，很多高校教师的文化素养不高，无法很好地完成传统文化的教学任务，师资队伍建设有待加强。高校可以借助外出交流、举办讲座、资助课题等方法为教师提供深造学习的机会，提高他们的传统文化素养，发掘学科带头人，培养青年学术骨干。

（五）重视中国优秀传统文化教材建设

相关教材普遍存在"大而空"的缺点，与实际脱节、枯燥乏味，无法吸引学生，无法激发他们的热情。

以后，我们有必要对现有教材进行相关的深入分析和综合研究，"以实为主，以作品印证问题"，提高编写水平，尽快出品深受师生喜爱的大学教材。

（六）营造校园文化氛围

通过耳濡目染的方式，学校营造一种浓厚的文化氛围，切实有效提高大学生传统文化素养。比如，举办古诗词朗诵、古诗词写作活动，邀请专家学者来点评或者开设讲座。学校团委还可以利用传统节日组织各种民族活动，突出节日主题，彰显民族风俗和特点，潜移默化地影响学生，使学生受到熏陶和教育。

综上所述，中国优秀传统文化凝聚了一代代中国人的经验与智慧，学习优秀传统文化对于提高大学生的素质和底蕴、完善人格具有重要意义。

第四节 中国优秀传统文化引领大学生素质教育实践路径

现实生活无法脱离传统文化，因此学习、了解、理解优秀传统文化具有积极作用和现实意义。

一、课程教育实践

中国优秀传统文化有其特定的形态和绚烂多彩的特质，是高校精神文明建设和人文素养教育的重要组成部分。

（一）课程文化的实质

课程文化的实质决定它的性质和特征，影响人们对它的理解。

（二）课程文化的属性

人既是文化的创造者，又是文化的产物。人不仅创造了对象的、物质的、制度的和精神的文化，还创造了自身的文化，这种自身的文化就是主体文化。

课程文化制约课程的制度、体制，也支配人们的课程行为，还在心理方面以相对独立、稳定的方式促成或阻碍课程意识的形成。

（三）课程文化的特征

课程文化不属于社会文化，它是一种独特的文化。在日常教学实践中探索课程文化的规律，可以更加深刻、透彻地了解它。

1. 社会性

课程文化具有社会性，社会文化中的意识形态、行为准则等因素影响课程文化的产生和发展。

2. 民族性

不同国家有不同的文化，不同民族有不同的灵魂，这些构成了课程文化的民族特征。

3. 融合性

世界是一个整体，各民族、国家之间相互交流、相互学习，因此，课程文化也需要在交流、融合中不断发展。

4. 人本性

人本性是课程文化的本质要求。人是课程文化的第一因素。

5. 系统性

课程文化包括结构、载体、功能等系统，具有系统性。

6. 个性化

每一门课程都具有独特性，因此，个性化是课程文化的特点之一。

7. 自觉性

课程文化离不开自觉的主体意识。

8. 实践性

课程文化是在长期实践中总结出来的，是人们实践智慧的结晶。

9.传承性

课程文化需要延续和发展，一些久远的知识一直发挥作用。

10.创新性

课程文化需要不断开拓创新，取长补短、与时俱进，适应时代的发展要求。

二、校园文化实践

何为校园文化呢？校园文化是一种生存环境和校园精神，是社会文化的亚文化，是先进文化的组成部分。

（一）校园文化的内涵

校园文化包括校园物质、精神财富，以社会文化为基础，依托学校、教师、学生，共同建设领导作风、学风、校风等内容。校园文化对一个学校的发展具有重要意义，为学校发展指明了方向，体现了学校的发展程度和水平。一般来说，校园文化有以下特征：

第一，主导性与多元化相结合。如何理解校园文化的主导性？校园文化在指导学生树立正确的"三观"、培养合格建设者和接班人方面发挥主导作用。如何理解校园文化的多元性？不同学校在长期发展中沉淀、积累的价值观念和文化影响是不同的。

第二，科学性与思想性相结合。校园文化本身充满知识和智慧，它可以增强学校的科学性。当校园文化提升到精神境界时，人们就会把校园文化铭刻在心，影响人们的思维。

第三，独立性与开放性相结合。校园文化与社会其他文化不同，它是一个独立的体系。同时，校园文化具有时代性，受到环境的影响。

（二）校园文化与素质教育的关系

高校素质教育的目标是培养学生树立崇高的理想信念、正确的政治方向、高尚的道德品质，建立正确的世界观、人生观、价值观，在今后的学习、生活、工作的道路上，更好地前进发展。

素质教育的载体是校园文化。市场经济带来一些负面影响，比如，有些人的诚信意识、道德品质、精神追求发生扭曲，大学生面对这些问题陷入困惑和迷茫，因此，建立正确的教育理念非常重要。

社会的发展带来文化的多样性，为了给大学生的思想指明方向，高校应该把素质教育融入校园文化，将校园文化学习与思想政治学习相结合，使素质教育与校园文化相辅相成。

（三）校园文化的素质教育功能

1. 价值导向功能

校园文化反映了学校的办学理念、办学特色，是师生之间的共同价值观，体现了独特的价值指向。校园文化精神影响学生学习、生活的点点滴滴，是一种价值导向。良好的校园文化有助于学生将思想与主流意识形态教育相统一，这是一种有力的价值导向，更具实效性。

2. 意志激励功能

积极向上的校园文化可以激励人、鼓舞人，增强学生的自信心和自豪感，使他们更加主动地学习。丰富多彩的校园环境可以培养健康向上的校园文化。

3. 精神凝聚功能

具有相同价值观的人们容易聚在一起，互相交流和学习。校园精神可以凝聚、影响、带领学生，帮助师生实现共同目标。人们在互相关心、互相尊重、团结上进的环境中，会增强归属感和凝聚力。

4. 人格塑造功能

大学生的人格成长需要良好的校园文化。积极的校园环境能够帮助大学生培养健康的审美、良好的心态、较高的人格魅力。

5. 行为约束功能

校园文化是一种管理文化，具有行为约束作用，指导人们共同遵守规则，抑制错误观念，养成正确习惯。校园文化具有包容性的同时也具有排斥性。

（四）校园文化加强素质教育实效性的建议和意见

1. 加强校园物质环境的文化建设

学校的教学设备、住宿设施、生活设施等硬性条件被称为物质环境，对学生内在性格和品质的形成有很大作用。校园物质环境的文化建设有利于学生成长成才、促进校园文化取得较好的成绩。

2. 突出校园精神文化建设

培养学生的自主意识、精神品位需要校园精神文化，高校可以以学校的历史为起点，塑造精神文化底蕴，增加全校师生的凝聚力。校园精神文化建设在提高学生综合素质、推进教育改革发展方面具有非常重要的意义。

3. 发挥校园课余文化活动的作用

高校举行丰富多彩的校园活动有利于培养学生稳定的心态和广泛的爱好。校园课余文化活动，比如参观教育基地、举办竞赛等，可以让大学生接触一些正能量的因素，使其认同主流意识形态，加深对传统文化的理解。

4. 重视校园寝室文化建设

大学生对寝室关系的认识和处理直接影响他们的学习和生活质量，通过寝室同学，他们学会为人处世，懂得如何包容和共享。辅导员老师应该经常深入学生寝室，了解学生生活情况，和他们多谈心、多交流，倾听他们的心声，引导他们健康成长。寝室文化建设能够营造互相帮助、共同进步的良好环境。

三、社会实践

（一）加强校内文化体系建设，拓宽大学生传统文化知识面

首先，提升大学生的文化素质，需要解决课程体系建设问题。当前，不少课程设置目标不明确，结构松散，内容随意，呈现混乱的状态。

在教学安排方面，传统文化课程的教学目标要明确，教学内容要丰富，结合本校特色，为学生推荐经典著作。以必修课为基础，选修课为补充。

其次，精心设计教育内容。中国古代文化典籍内容丰富、浩瀚如海，在选取中应根据学生成长和发展的具体需求，精选与时代主题密切结合的内容，侧重培养学生的人格。

再次，完善传统文化素质教育教材建设。在优秀传统文化课程相关教材的设计和编写方面，笔者建议组织优秀的专家学者和有经验的教师，多角度、多层次进行，使教材的内容更加丰富、合理。

最后，设计灵活多样的教育形式。教育不应以说教为主，而应注重内容、忽略形式，使学生愿意学习、主动接纳、学以致用，达到完善人格的目的。在课程考核方面，高校需要创新考核方式，突出具体实践。

（二）加强社会实践教育，提升大学生的中国优秀传统文化素质

1. 社会实践教育是大学生中国优秀传统文化素质教育的重要环节

大学阶段是一个人人格塑造、求知增智的黄金阶段，多彩的社会实践活动有助于大学生把理论知识应用于实践中，也能帮助他们加深对传统文化的理解。

一方面，通过各种社会实践教育，大学生逐渐接受传统文化体现的伦理道德和价值导向，内化理想信念和道德信仰；另一方面，社会实践教育可以激发学生的主观能动性，有助于他们发挥实践和创新能力。

2. 大学生社会实践教育的主要形式

大学生社会实践教育包括校内社会实践教育和校外社会实践教育两种。校内社会实践教育包括主题教育、社团活动、专业实践等；校外社会实践教育包括生产劳动、志愿服务、社会调查等。

（1）校内社会实践教育

专业实践教育在专业课程理论学习过程中或者之后，与课程相关。大学生应该积极揭示事物本质，提高自身的实践和创新能力。

文明修身主题教育主要通过校园橱窗、网络、广播等途径，组织开展一系列教育活动。

文化艺术节为学生提供锻炼自己、展现自己的机会，演出和展览活动可以让大学生感受文化魅力，树立正确的"三观"。

近几年，北京大学、清华大学、中国人民大学、北京师范大学、北京理工大学等十八所高校先后举办了大学生读书节，大学生读书节评价很高，借此弘扬经典、享受阅读、养德励志，反响很好。

在大学校园，一些兴趣爱好相同或相近的大学生自愿组成一些非正式组织，叫作大学生社团。社团活动多样，既涉及文学、音乐、美术、艺术等方面，又涉及学术问题、社会问题等方面。北京大学的服饰文化交流协会、济南大学的陶艺协会等都是以中国优秀传统文化为主题的社团。

大学生可以通过撰写实践报告、进行实践项目设计、模拟企业运行、参加企业活动等开展一系列创新创业实践教育活动。

（2）校外社会实践教育

生产劳动是对大学生进行传统文化教育，实现高等教育培养目标的途径。当代大学生大部分都是独生子女，从小很少吃苦，不愿意劳动，缺乏对他人和社会劳动成果的正确认识。志愿服务主要包括大型志愿者服务活动，青年志愿者社区发展计划，公益宣传志愿者服务和文化、科技、卫生"三下乡"志愿者服务。大学生需要积极参加志愿服务活动，运用所学知识服务人民，多接触社会，为社会服务，弘扬传统美德，为社会的进步和发展做出应有的贡献。

在生产实习中，大学生可以更好地了解企业，通过协助生产、管理等将所学专业知识应用于社会实践中。大学生在生产实习过程中，要努力做好本职工作，提高技能，处理好人际关系。

校外勤工助学可以帮助学生获得一些收入，补贴日常生活，增强自立意识。

大学生运用所学知识，在社会实践中尝试解决问题，有利于他们更好地了解社会、锻炼能力。在调查研究中，学生需要认真收集资料，结合理论知识回答问题，不断提高自身的实践能力和研究能力。

（3）弘扬中华民族优秀传统节日文化

传统节日是民族情感、文化的集中展现，是一个国家或民族历史文化的结晶。我国传统节日历史悠久、形式多种多样，形成了中华民族特有的传统节日文化。

中国传统文化寄托着人们对美好生活的向往，蕴含着社会的道德判断和价值取向，承载着民族的思想精华，是民族团结、社会和谐的精神力量。当今时代，各种思想文化相互激荡，一些不良风气对大学生影响较大，利用民族传统节日文化对大学生进行教育，可以丰富教育内容，创新教育载体，扩宽教育途径，增强学生的文化自信，提升大学生的综合素质。

首先，加强传统节日文化知识学习，深刻理解传统节日文化内涵。中国传统节日文化发源于农业社会，有浓厚的农业色彩，底蕴丰富。作为传统节日文化的传承者和创造者，大学生应该认真学习相关知识，深刻领会其中的价值取向、精神追求和道德理想，坚定自信，树立远大理想。

其次，正确认识传统节日文化，推动传统节日文化创新发展。依据文化结构理论，传统节日包含表层、中层、深层三个层面。表层文化涵盖服饰、器皿、装饰物、食品、对联等物质形式。中层文化包括礼仪习俗、行为规范和禁忌等。深层文化属于传统节日文化的核心。今天，很多中国人只懂得吃什么、穿什么、用什么等，传承传统节日文化也只是简单地模仿和复原，不理解其内在的精神。这些认识都是肤浅的。大学生肩负传承和弘扬优秀传统文化的历史使命，他们需要深刻领悟传统文化的内涵和价值，通过创新展现出创造力。健康发展的传统节日可以弘扬优秀的道德情怀和规范。

再次，利用传统节日，提高大学生的中国优秀传统文化素质。传统节日有助于展现优秀传统文化、培育和弘扬民族精神、联结民族情感、增强民族认同感。节日文化中有很多关于热爱祖国、民族、家乡的内容，具有弘扬爱国精神的功能。

最后，正确认识西方文化，理性对待"洋节"。随着改革开放的深入发展，中西方文化的频繁交流给传统文化带来很大冲击，对我国的传统节日文化、人们的生活方式产生深远影响。大学生学习西方历史与文化可以增长知识、开拓视野。但在学习和交流中，应主动吸收积极的因素，不能全盘照搬。

中国传统节日凝结着深厚的民族情感，承载着民族思想的精华，需要薪火相传，不断发展。大学生应该坚持主体意识，大力弘扬传统节日文化，结合中国实际，创新形式，丰富内涵，满足精神需求。

四、网络媒体实践

网络文化为当今社会提供了一个崭新的天地，充分认识它的社会影响力，积极合理利用好网络，有利于社会的和谐稳定，以及人们思想教育的提升。

（一）网络文化的概述

互联网的出现对人们的学习、工作、生产、生活等产生了巨大影响，它的功能和魅力影响着社会的方方面面。

1. 网络文化的含义

网络文化是人们在社会实践过程中以网络技术为主体、信息技术资源为支点所创造出来的物质财富和精神财富的总和。网络文化能够影响人们的行为习惯。从物质层面来说，计算机设备、信息技术等是网络文化的第一个层次。从精神层面来说，网络情感、意识、素养等属于第二个层次。从制度层面来说，网络道德、规范等属于第三个层次。

2. 网络文化的特征

（1）虚拟性

网络文化不存在于现实生活中，只存在于网络生活中。它的虚拟性在一定程度上具有客观真实意义。

（2）自由性

在网络平台，人们不用考虑学历、收入、位置等因素，可以随时进行沟通，这个空间是相对自由的。但是这种自由应在法律和道德允许的范围内。

（3）动态性

网络信息的传递和更新很快，人们可以随时随地看到最新的国内外新闻，信息几乎瞬间到达世界各个角落，因此网络文化具有鲜明的动态性。

（4）开放性

互联网是开放的，任何人都可以上网并发表自己的言论，这种开放性方便人们的沟通和交流，多元的网络文化也需要一定的监督和引导。

（二）网络文化背景下的素质教育

网络是一把"双刃剑"，在为人们提供沟通便利的同时，也潜移默化地带来一些负面影响，挑战着人们的价值观和道德底线等。网络文化教育的开展势在必行。

1. 网络文化为素质教育营造了新契机

（1）网络文化促使素质教育内容和手段呈现多样化发展

高校教师可以通过网络来获得资源，学习一些素质教育的相关知识，提升自己，丰富素质教育的方式方法。

（2）网络文化促使素质教育传统模式发生新转变

网络可以提供丰富的资源和教学方法，调动人们的积极性，高校教师需要充分利用网络的特点，改变传统教育模式，提高教育成效。

（3）网络文化促使素质教育突破了时空局限性

网络打破了原有时间、空间上的局限性，使教育场所更加立体、多样，在原有素质教育的基础上，人们可以拓宽眼界，利用网络提升教育效果。

（4）网络文化促进素质教育主客体素质的提升

网络文化的丰富拓宽了人们的思维，增添很多主体和客体的学习内容，人们在独立意识、获得信息、处理信息方面越来越有能力。素质教育工作者遵规守纪，培养网络道德，这些都有利于素质的提升。

2. 网络文化为素质教育带来了新挑战

（1）网络文化内容的多元性可能干扰着社会主义核心价值体系指导作用的发挥

多元的网络文化对核心价值体系的主导地位有一定冲击，人们面对复杂、多元的网络信息，常常陷入现迷茫和困惑，不知道到底哪些是正确的。高校需要有意识地抵制网络文化的负面影响。

（2）网络文化的发展可能导致人际关系淡化，人们的交往能力下降

网络的出现极大地缩短了人与人之间的距离，使人们在任何时间和地点都可以实现沟通和交流，但是，人们在交往过程中面对的是机器，而不是人，通过网络进行交流与面对面地交流差别很大。长此以往，人们的实际交往能力容易下降，不懂得如何在现实生活中与人沟通，进而影响社会进步和人类的心理健康。

（3）网络文化的发展可能导致人们道德观念淡薄、道德人格缺失

当前，对网络行为的约束和规定不够完善，相关法律还不够规范，人们在网上的道德感相对较低，虽然存在一部分高素质的人，但是网络中的不文明现象必然会给人们带来负面影响。

（4）网络文化的发展可能导致人们人生观、世界观和价值观冲突

随着互联网的发展、不同文化的碰撞与交融，竞争与对抗更加明显，人们容易被新鲜事物所吸引，不同的观点和表达容易使人迷惑，新问题层出不穷，这些不稳定性使舆论导向容易发生偏差。人们如果不能理性思考，那么面对多元价值就会出现迷茫，产生价值观冲突。

3. 加强网络文化中的素质教育机制建设

如何充分发挥网络文化的正面作用是素质教育机制建设需要解决的问题。高校教育管理者必须与时俱进，在新时代背景下做出新决策。

（1）加强精神文明教育，发挥社会主义核心价值体系在素质教育机制建设中的导向作用

社会主义核心价值体系可以为网络文化指明方向，构建素质教育机制需要发挥核心价值观作用，使它渗透到网络文化里，打造优秀的教育平台，提升网络文化质量。

（2）坚持以人为本，积极构建网络素质教育与心理健康教育相结合的教育模式

网络为心理健康教育和素质教育提供了更加广阔的空间，可以帮助我们及时掌握人们的思想情况，同时将两种教育融合在一起。网上有丰富的资源，拓展人们的能力，帮助人们建立稳定、和谐的人际关系。

（3）加强网络道德教育和网络管理的法治化，引导大学生形成健康的网络道德观念，树立正确的人生观、世界观和价值观

预防和解决网络文化给思政教育带来的负面影响，需要完善道德素质，提升道德水平。正确引导大学生的思想教育、网络道德教育有助于他们树立正确的"三观"，在深刻理解网络优缺点的基础上客观地看待它。大学生只有健全法律、道德观念和意识，才能遵规守纪，自觉抵制消极因素。

（4）建设一支精通网络文化的专业网络素质教育队伍

作为一种特殊的交往活动，教育者和受教育者之间是平等的，教育者只有不断提高网络文化水平，才能与被教育者平等对话，所以，培养一支懂网络、懂教育的队伍非常重要。

第五章 弘扬中国优秀传统文化与增强新时代高校青年学生文化自信的关系

第一节 弘扬中国优秀传统文化与新时代高校青年学生文化自信的关联性

随着经济全球化的不断发展，文化软实力在综合国力竞争中的地位越来越重要，在各国经济文化交流中起着不可替代的作用。当代高校青年学生是国之栋梁，是民族的希望，高校青年学生在成长过程中形成的综合素养不只对自身有一定的影响，还对中华民族未来的发展有重要影响。中华民族的伟大复兴要以中国优秀传统文化的继承与发展为基础，弘扬中国优秀传统文化应当以高校青年学生为主体。

中华文明源远流长，绵延数千年，创造了博大精深的中国文化，有其独特的价值体系。中国优秀传统文化已成为中华民族文化的基因，成为中华民族生息不竭的动力，根植于中国大地，扎根在中国人内心深处，潜移默化地影响着中国人的行为方式和思维方式。传统学科、文学、书法、音乐、舞蹈、戏曲中的精华都是中国优秀传统文化的组成部分，这些优秀传统文化以其独特的方式影响高校青年学生的人生观、世界观和价值观，给予高校青年学生精神力量，从而提高高校青年学生的文化自信。

中国传统文化首先应该包括思想、文字、语言，然后是"六艺"，也就是礼、乐、射、御、书、数，最后是历代发源的书法、音乐、武术、曲艺、棋类、节日、民俗等。笔者选取中国优秀传统文化中最具代表性的儒家文化、汉字与书法、绘画艺术分别进行阐述，分析这些传统文化与新时代高校青年学生之间的内在关联性。

一、儒家文化

中国优秀传统文化博大精深，底蕴深厚，经过 5000 年历史的冲刷与洗礼，逐渐积累并沉淀为我国政治经济发展的文化根基和人文历史发展的精神命脉。优秀传统文化的文化理论、价值主张和精神命脉对国家现代化建设、社会发展以及个人进步有极大的影响力和感染力。自春秋战国以来，社会的大变革引起思想界"百家争鸣"的现象，当时代表社会各阶层的诸子百家纷纷提出自己的主张，而儒家思想脱颖而出，其"仁爱"精神、"忠孝"思想和"义礼"原则等为培育高校青年学生社会主义核心价值观提供了有价值的指导，具有积极的作用。

1. 倡导仁爱，以国家利益为己任

"仁"作为儒家思想的核心，已经成为中国优秀传统文化的基本价值观。孔子所提倡的"仁"，一指人内心潜在的心理意识；二指人的行为所依据的道德规范，以爱人为基本内容。孔子认为，达到"仁德"便是人生所追求的最高价值体现。"仁"是有丰富内涵的，概括来说，有四种意识：人格意识、社会意识、人为贵意识及人和意识。人格意识，就是将人格建立在自我的基础上，这样才会实现真正地爱人，出自真心地爱人；而社会意识，就是要学会推己及人，尤其是在时常出现"扶不扶""碰瓷"等现象的现代社会，更需要这样的思想对青年学生进行引导。

2. 主张尊孝，注重激发学生的爱国之情

"孝"是中国传统文化中最基本、最重要的德行之一，也是儒家伦理思想中基本的行为规范和重要的道德范畴。作为儒家伦理思想代表的孔子的"孝"思想，内涵丰富，很多精华至今仍带给我们伦理启示。其基本内涵有养亲与敬亲、关怀与思念、顺从与继志等，这些思想内涵旨在告诉我们要关心父母，感恩父母，奉养父母。大学阶段，是人生发展的重要时期，是价值观、人生观和世界观形成的关键时期。然而，信息技术的飞速发展，使得各种各样的信息都能被传播和接收，若学生的辨别能力不强，就很容易受到不良信息和不正风气的影响。另外，随着网络技术的普及，一部分学生沉迷于手机和计算机，与父母的沟通交流越来越少，甚至为此与父母吵架。如果一个人连家人都不懂得如何去爱，又如何爱国呢？

3. 提倡重义轻利，注重自身修养

个人修养在当今社会尤为重要，重义轻利、诚实守信是当代高校青年学生必备的道德品质。孔子说："君子义以为上。"（《论语·阳货篇》）《论语·里仁》中，子曰："君子喻于义，小人喻于利。"这都指出，当道义与利益间发生矛盾时，要遵守"义"的准则，吃苦在前，享受在后，先捍卫正义，再考虑个人利益，守住底线，做该做的事。在义和利二者不可兼得时，孟子提出"舍生而取义"。高校要培养高校青年学生重义轻利的思想，提升其自我修养，端正其人生态度，使其更加满足社会发展的需求。

二、汉字与书法

汉字是中国传统文化的重要组成部分，汉字与中国传统文化又是相互依存的。汉字积淀着中国文化的结晶，是中国文化的载体，中国文化依靠汉字的记录广为流传。一方面，从汉字的形成，能看到当时社会的文化现象、文化观念的影响；另一方面，通过研究分析汉字的造字方式和内涵，可以窥见中国文化的特征。也就是说，从汉字的诸多现象，如汉字的构词造字、汉字词义的形成和演变、汉字的结构特点、汉字的形体组成等，都可以找到中国文化形成与发展的理据。这种理据不是逻辑关系意义上的，而是意识文化取向、制度文化取向、民族心理文化取向、社会习俗文化取向以及思维方式等文化取向的阐释，它具有鲜明的民族性与时代性。

伟大的民族必然有伟大的文化。如果说制造和使用工具是人类从动物界分化出来的标志，那么语言文字的发明创造，则是人类真正步入文明的标志。劳动创造了人类文明，人类在生产劳动中创造了语言和文字。文字是人类文明进步的重要标志，更是一个民族文化的结晶。余光中在《听听那冷雨》中写道："一个方块字是一个天地。"汉字之所以博大精深，核心便在于其深厚的文化内涵。老祖宗造字之初，就从生活中汲取灵感，如四季、时令、天文、地理、生肖、植物等，赋予了汉字多样而统一的文化身份，因而，那一方天地里能呈现出包罗世间万象的缤纷面貌。各国文字皆有其奥妙所在，但能成为一门艺术的，仅有汉字而已。乍一看中国汉字，不外乎点和线的构成，但当这些点与线被各种精巧的构思排列组合时，书法艺术就此诞生。康有为认为，"书虽小技，其精者亦通于道焉"。在古人眼中，书法比起治学，也许的确是"小技"，然而技艺修炼到一定境界也能通达"道"之玄妙境地。中国的书、画本就同源，如甲骨文及更早的象形文字，均以刻画图形来表意，后面才逐步衍生出相应的字形。

汉字是传统文化的主要承载者，其历史悠久，变化复杂。传统文化的呈现方式有很多，有寄寓于物质形态的，有相传于民俗风情的，有记载于经典文献的……其中最主要的、内容最丰富的当数经典文献，而经典文献的记录符号，就是汉字。许慎在《说文解字·叙》中指出，汉字是"经艺之本，王政之始"，具有"前人所以垂后，后人所以识古"的功能。还有人认为，汉字具有镜像功能，在静态形体中汩汩流淌着民族文化的潜流，映照着历史演进的浩浩雄姿，绽放着先人智慧的灵光异彩，在其深层的文化积淀中，既可折射出政治、道德、艺术等多种文化外在因素，又能反映出不同时代人的文化心理，它们宛若历史的活化石，细加玩味，即可从静态形体走入古人动态的文化意识圈中。汉字在日常生活中随处可见，对于高校青年学生而言，汉字是学习交流的必备工具。通过阅读汉字记录的文化经典，体味经典中的各种文化信息及意义，领悟并传承文化的精髓，是系统继承传统文化的最佳途径。

随着电脑和手机的普及以及人工智能化的发展，毛笔、钢笔等传统书写工具的使用频率逐渐降低，书法被束之高阁，与人们渐行渐远。现代社会不断发展，人们的生活发生了复杂而深刻的变化，意识形态领域也在一定程度上受到各种各样信息和思想的影响，新时期高校青年学生的教育工作面临着前所未有的挑战。重视书法文化，注重书法教育，对高校青年学生教育工作能起到有效的推动作用。

1. 有利于高校青年学生培育顽强进取的精神

韩性在《书则序》说："古之学者，殚精神靡岁月，临模仿效，终老而不厌，亦必有其道矣。"（崔尔平《历代书法论文选续编》）古人常说："字无百日工。"练习书法，一朝一夕很难有所成效，而是需要长年累月的坚持和积累，要有铁杵磨成针的恒心和毅力。在书法学习的道途中，没有捷径可走，更不能有丝毫的懈怠。历代书法家无不勤学苦练、寒暑不辍。徐浩在《论书》中说道："张伯英临池学书，池水尽墨，永师登楼不下，四十余年。张公精熟，号为草圣。永师拘滞，终著能名。以此而言，非一朝一夕所能尽美。"《明史·文苑传一·宋克》记载："（克）杜门染翰，日费十纸，遂以善书名天下。"陶宗仪在《南村辍耕录》记载康里巎巎自言："余一日写三万字，未尝以力倦而辍笔。"

持之以恒的艺术追求有助于培养高校青年学生积极进取的精神和自强不息的人生态度。在快节奏的今天要做到脚踏实地、意志坚定是难能可贵的。部分高校青年学生目标远大却不切实际，雄心勃勃却不堪挫折，渴望成就却不愿付出，羡慕辉煌却只想投机取巧。他们看到了成功的万丈大楼，却忽视了添砖加瓦时的历历艰辛；听到的是功成名就后万人拥簇的欢呼，却不承想背后默默无闻的坚守和超出常人的付出。大家所崇拜的成功企业家，他们身上无不具备超乎寻常的毅力和顽强进取的精神。书法强调的锲而不舍、金石可镂的顽强意志正是每位成功人士所具备的基本素质，它使学生克服侥幸成功的心理和企图走捷径的心态，在艰苦的临帖过程中磨炼出勤奋不辍、水滴石穿的韧性，锻炼出顽强进取的精神。

2. 有利于提高高校青年学生的自信心和文化素质

当前社会，计算机和手机的普及改变了传统的文化传播交流方式，大大冲击了书法的文化地位，书法的影响力较以前明显减弱。但人们对写字的重视并未消失，键盘不可能完全取代书写，写字是人们日常交际的需要。字，能反映一个人的学识、工作态度和生活品位，人们常说，"字如其人"。对于高校青年学生而言，练得一手好字不仅能给别人留下良好的第一印象，还能够增强自信心，提高竞争力。

书法教育中，技巧的掌握只是学习书法的基础，而领悟渗透于作品中的内涵素养才是学习书法的精髓。如果书写者有深厚的知识积累、厚重的艺术修养、广博的学术水平和不同凡响的气质，那么他的作品必定是不落窠臼、超凡脱俗的。中国书法承载着优秀的中国文化，具有深厚的文化内涵。书法教育涉及的学科包括历史学、文学、美学、哲学、文字学、逻辑学等。它要求书写者不仅拥有相当的文学、文字功底，还必须具备良好的文化修养和审美能力。可以说，书法的教育就是对人的教育，是帮助人提高文化素质的教育。

3. 有助于健全高校青年学生心理素质

高校是青年学生步入社会前的缓冲地带，是学生告别学校进入社会的交接平台。快节奏的社会生活和日益激烈的竞争形势，使高校青年学生的大学生活并不轻松和惬意，他们需要承受来自生活、学习、就业等各方面的压力。部分老师和家长不断鼓励学生跑得比别人快、飞得比别人高，但他们却忽视了学生的抗压能力。据调查，有一部分学生处于亚健康状态，甚至有少部分心理素质较为脆弱的学生出现了心理障碍，如自闭、焦虑等，这严重阻碍了他们的健康成长，甚至可能成为危害校园、社会安全的隐患。健康的心理素质是大学生成长成才的基础，直接影响学生的全面发展。因此，重视大学生心理素质教育无比重要，而书法学习具有心理调节功能，练习书法有助于健全学生的心理素质。

目前，高校对书法教育的重视程度还有待提高，大部分学校只有与书法相关的社团，却没有其他形式的学习途径。因此，开设书法相关课程、成立书法兴趣小组、开展各种书法实践活动、举办书法文化讲座等，可以作为培养大学生书法兴趣的良好途径。

三、绘画艺术

中国古代绘画是我国漫长文化发展过程中，艺术家用绘画的形式描绘和记录我国古代社会生活的画面，简称"中国画""国画"。中国画强调"外师造化，中得心源"，要求以形写神、形神兼备，做到意在笔先，画尽意在。中国绘画历史悠久，是世界文化宝库中的无价之宝。

在中国浩瀚的历史长河中，唐朝时期的政治、经济、文化都取得了辉煌的成就。唐朝服饰，特别是唐朝女性服饰，犹如夜晚的昙花在历史的长河中惊奇一现。那是封建社会唯一一个妇女社会地位较高，束缚较少，相对比较自由的时期。无论是政治还是经济，唐朝都是中国封建社会的鼎盛时期。京城长安是当时的政治、经济、文化中心，更是亚洲经济文化交流的中心。借助各国使臣、异族同胞的朝圣之旅与亲密往来，本土服饰样式与功能得到更新与发展。服装作为精神与物质的双重产物，与唐代文化、艺术、科技等共同构建了大唐全盛时期的灿烂文明。唐朝仕女服饰是中国服装史上最为精彩的篇章，其雍容华贵、绮丽多姿之美不仅超越前代，后世也无可企及，其风采在唐代周防绘制的《簪花仕女图》中可见一斑。

唐朝女子服饰的一大特点为，内着长裙，袒胸的上部有可及地的大袖，肩披帛，裙腰高至胸部，以大带系结，夸张地展现了女子腿的长度。《簪花仕女图》体现了一个民族进入高度成熟、处于生命力最旺盛阶段洋溢出的蓬勃朝气和高度自信，展现了唐人崇尚并醉心于一种气魄、力量和开放的美，而这种美传递给我们的是一种扑面而来的时代气息——热烈开放、开拓进取、积极向上。

中国古代绘画的演变深刻反映了各个历史时期的时代特征，如宋代绘画艺术的发展反映了其商业发达、城市繁荣的时代特征。《清明上河图》就是典型代表之一。

"清明"二字，称颂着"太平盛世"，《清明上河图》展示了北宋时期工商业和交通的繁华景象，对后人研究宋朝的文字、服装、礼仪、制造业等物的有不可估量的价值，是一幅值得深入剖析与研究的伟大画作。画中每一个人物的角色身份都十分清楚，从城市中最富有的人，到最贫穷的人，都在张择端的画中逐一表现出来。北宋都城东京实乃当时世界上人口最多的城市，经济的发达必然导致人口的快速增长。稠密的人口、紧凑的空间，在增进人与人交流的同时，也促使街市的出现与各类商业设施的兴起，街市及商业设施为城市公共活动提供了多样化的交流场所。商业地位的提升、人口的激增和市民阶层的兴起，使得北宋东京封闭的坊市制度瓦解，形成了一种全新的"街巷式"格局，新的街道和市场促进了北宋商品经济的发展，改变了原本封闭的城市结构。

各朝代的绘画都深刻反映了当时的时代生活，通过鉴赏不同历史时期具有辉煌成就的古代绘画作品，可以使高校青年学生对中国古代文明有直观的认知，激发内心的民族自豪感，为实现中华民族伟大复兴而奋斗。

第二节 弘扬中国优秀传统文化与增强新时代高校青年学生文化自信的创新性

在社会主义进程中，中国优秀传统文化与社会主义市场经济、民主政治、先进文化等方面还存在需要协调的地方。因此，对待中国优秀传统文化，要处理好继承与创新两者之间的关系，将传统与现代、创造性转化与创新性发展紧密结合起来。创造性转化，就是要根据时代发展的特点和要求，对那些至今仍有借鉴价值的内涵和陈旧的表现形式加以改造，赋予其新的时代内涵和现代表达形式，激活其生命力；创新性发展，就是按照新时代的进步和发展，对中国优秀传统文化的内涵不断进行补充、拓展、完善，增强其影响力和感召力。进入新时代，优秀传统文化的创新性主要表现在两个方面：一是优秀传统文化在新时代外在表现形式的创新；二是优秀传统文化的内涵在当代社会的不断创新。外在和内在的创新，不仅符合新时代对中国优秀传统文化的要求，深刻发挥凝聚民族力量、筑牢民族精神根基的作用，而且通过创新中国优秀传统文化的外在宣传形式，使广大青年接受并了解中国优秀传统文化的内涵，使其保持永久的生命力和感染力。

一、外在表现形式创新

随着互联网技术与新媒体快速发展，中国优秀传统文化的表现形式越来越多样化，宣传覆盖面更加广泛，大众接受度与日俱增，尤其表现在电视媒体打造的经典优秀传统文化节目上，如以中央电视台为代表推出的"中国汉字听写大会""中国诗词大会""中国成语大会"等。实施中国优秀传统文化传承发展工程的原则之一就是坚持创造性转化和创新性发展。利用现有推广平台，使中国优秀传统文化借助电视节目"发力"，发掘优秀传统文化多姿多彩的一面。把中国优秀传统文化的有益思想、艺术价值与时代特点和要求相结合，运用丰富多样的艺术形式进行当代表达，推出一大批底蕴深厚、涵育人心的优秀文艺作品，打造出独具中国味道的文化类节目，同时也使诸多国学经典走进广大人民的生活。文化类节目娱乐性高、灵活多样、平易近人，通过对中国优秀传统文化表现形式的创新，能使人们在开心愉悦的氛围下汲取丰富的文化营养。

另外，如《朗读者》《见字如面》等文化类朗读节目，通过明星现场朗读书信，使字间情景再现。一方面，通过明星效应，吸引更多青年关注节目，从而有兴趣了解节目所传递的内容；另一方面，明星以专业技巧朗读那些沉淀了情感和历史文化的文章和书信，营造出浓厚的情感氛围，使观众在体味朗读内容背后故事的同时，产生情感上的共鸣，从而更加深入地领悟每一篇文学作品。

"苟日新，日日新，又日新"，既要坚守优秀的传统文化，也要在传承中推陈出新、革故鼎新，不断推出新形式，激发新活力。近年来，《耳畔中国》《喝彩中国》《中国民歌大会》等文化类综艺节目，对传统艺术演绎形式进行创新，广获好评。粤剧与网游的首次跨界结合，传统戏剧与现代摇滚音乐的碰撞，给人耳目一新的感觉，使传统戏剧艺术以新的形式展现在大众眼前，使中国优秀传统文化走入人们的日常生活。

传承是对待中国优秀传统文化的基本原则，只有传承，才能筑牢中华民族的精神根基，才能保存独具中国特色的"文化基因"，薪火不熄，代代相传。创新是时代发展的必然要求，是优秀传统文化永葆活力的保证，只有通过创新，才能满足人民日益增长的精神文化需求，才能赋予优秀传统文化新的内涵。传承与创新并不是对立的，而是相辅相成的，传承是创新的前提，不断创新才能更好地传承，二者缺一不可。

创新的文化类节目，改变了传统文化严肃、高不可攀的形象。使传统文化放下了"身段"，更贴近广大人民的日常生活。对于以高校青年学生为代表的年轻一代，文化益智类、文化知识类、文化情感类、文化专题类等多种多样的文化节目，为他们了解、认识、接触中国优秀传统文化提供了更广阔的平台，一改以往对国学经典和传统艺术枯燥、乏味、晦涩难懂的印象，使中国优秀传统文化更加生动形象、通俗易懂。我们不难发现，在众多的文化类节目中，青年人的身影越来越多，学生观众群体的年龄范围逐渐扩大：小到一二年级的小学生，大到攻读专业学位的博士生，都开始重视中国优秀传统文化，无论是一知半解，还是深有见解，都积极地参与到各类活动中。各种创新性文化类节目的推出、高校传统文化课程的开设，使社会文化氛围浓厚，从而促使广大青年学生不断参与到传统文化认知活动中，全方位地了解中国优秀传统文化，真正感受到中国优秀传统文化展现的精神魅力，树立高度的文化自觉，坚定文化自信，增强对本民族文化的认同感、自豪感。

著名社会学家费孝通先生曾提出："各美其美，美人之美，美美与共，天下大同。"既要继承和弘扬本民族的优秀传统文化，也要学习其他文化的精髓，博采众长，在"传承＋创新"的新型文化发展模式下，守文化之重，创时代之新。

二、内在核心价值创新

1. 中国优秀传统文化与社会主义核心价值观的契合

中国优秀传统文化是中国文化的精髓，蕴含着丰富的人文思想。对待优秀的传统文化，特别是先人传承下来的宝贵财富，要坚持古为今用、革故鼎新，取其精华，去其糟粕。我们应该赋予中国优秀传统文化新的时代内涵，与时俱进、推陈出新，推动中国文化创造性转化、创新性发展，努力用中华民族创造的一切精神财富来以文化人、以文育人。

社会主义核心价值观充分体现了对中国优秀传统文化的继承和发展。中国文明绵延数千年，有其独特的价值体系。古有名言："士不可以不弘毅，任重而道远"，"为天地立心，为生民立命，为往圣继绝学，为万世开太平"。中国古代君子历来讲究修身、齐家、治国、平天下。这种修己安人，以天下为己任的勇于担当的精神，告诉我们要将个人、家庭的命运与社会、国家、天下的命运紧密相连，我们每个人都有责任、有义务承担个人、社会与国家的多重责任。从某种角度看，修身是个人层面的要求，齐家是社会层面的要求，治国平天下是国家层面的要求。社会主义核心价值观正是把涉及国家、社会、公民的价值要求融为一体，继承了中国优秀传统文化的精神，反映了社会主义的本质要求，体现了时代精神。

高校青年学生作为中国特色社会主义事业的建设者和接班人，对其开展社会主义核心价值观教育至关重要。社会主义核心价值观教育是一项系统工程，要实现"内化于心、外化于行、固化于制"的目标绝非一日之功。社会主义核心价值体系是凝魂聚气的基本工程，也是引领当代大学生成人成才的指南针，它为当代高校青年学生加强自身的道德修养，培养强烈的社会责任感，成长为德、智、体、美全面发展的社会主义事业建设者和接班人指明了前行的方向，提供了努力的动力，具有鲜明的时代特征和现实意义。

高校青年学生是国家前途命运的希望，是实现"四个全面"和社会主义现代化建设的主要力量。社会主义核心价值体系，既包含追求知识、热爱科学的内容，也包含立足社会和增强竞争力的各种品质要求，与大学生成人成才的愿望和目标是完全一致的，中国优秀传统文化通过社会主义核心价值观的基本内涵对高校青年学生世界观、价值观的树立起到了重要作用。高校青年学生需要根据自身实际情况在班级团结互助，在学习上艰苦奋斗，在生活中诚实守信，做出好的表率，树立良好的世界观、人生观和价值观，要把"社会主义核心价值体系"作为个人道德修养的基本要求和参考标准，从我做起，从现在做起，从身边点滴小事做起。

高校青年学生在社会主义核心价值观的引领下，坚定道路自信、理论自信、制度自信、文化自信，保持弘扬中国精神的决心和凝聚中国力量的恒心，为实现国家富强、民族振兴、人民幸福的伟大复兴之梦贡献力量。

2. 中国优秀传统文化"大同"思想在当今时代的创新

"小康"，语出《礼记·礼运》，最初和"大同"一道被中国古代儒家学派用来描述五帝之世和三代社会的两种社会状态，以表达儒家的社会理想和政治主张。"大同"的原意是天下为公的最理想社会，或者说是儒家的乌托邦；而"小康"则是以天下为家，靠礼仪关系维持的社会。儒家描述的大同世界是："大道之行也，天下为公，选贤与能，讲信修睦。故人不独亲其亲，不独子其子，使老有所终，壮有所用，幼有所长，矜、寡、孤、独、废疾者，皆有所养，男有分，女有归。货恶其弃于地也，不必藏于己；力恶其不出于身也，不必为己。是故谋闭而不兴，盗窃乱贼而不作，故外户而不闭，是谓大同。"这反映了原始社会没有阶级，没有压迫，没有财产，没有阴谋、犯罪、盗贼、暴力等特征，但又包含了人们对远古时代模糊记忆的理想化与夸张。如果说大同是儒家思想的最高理想，那么儒家大同思想较初级的一种社会就是小康。《礼记·礼运》上说："今大道既隐，天下为家。各亲其亲，各子其子，货力为己。大人世及以为礼，城郭沟池以为固。礼义以为纪，以正君臣，以笃父子，以睦兄弟，以和夫妇，以设制度，以立田里……是谓小康。"这里描绘的是在夏禹、商汤、周文王、周武王、周成王、周公治理下出现的盛世。小康即小安。儒家小康思想是阶级社会中广大民众及各派进步力量共同产生的一种社会理想，激励着历代思想家不懈地追求。

小康社会作为经济发展、政治民主、文化繁荣、社会和谐、环境优美、生活殷实、人民安居乐业和综合国力强盛的经济、政治、文化、社会、生态等全面协调发展的社会，成为中华民族走向伟大复兴的社会发展阶段。

从古人向往"小康"到提出"奔小康"，从"建设小康"到"全面建成小康社会"，我们既继承前人又不断创新，向"全面建成小康社会"方向发展，把"小康不小康，关键看老乡"作为"全面建成小康社会"的"硬指标"，使越来越多的农村贫困人口过上了吃得饱、穿得暖，衣食无忧的幸福生活。"全面建成小康社会"顺天理，接地气，得人心，促发展，提升党的民望，凝聚全民共识，是赋予中国优秀传统文化新的时代内涵，是国家领导人为实现中华民族伟大复兴做出的重大贡献。

如今，全面建成小康社会已成为中国人民日常生活的主题词，但要实现"经济更加发展、民主更加健全、科教更加进步、文化更加繁荣、社会更加和谐、人民生活更加殷实"的目标则需要全国人民的普遍认同和自觉参与。高校青年学生是接受高等教育的新兴知识分子群体，拥有较高的知识、能力和素质，是青年中的优秀群体，是社会发展的生力军，是民族的希望所在，而当代高校青年学生毕业后的工作年龄正处于全面建成小康社会的黄金年龄，高校青年学生的素质、能力和责任在很大程度上影响着全面建成小康社会目标的实现，全面建成小康社会的历史重任将落在当代高校青年学生身上，敦促高校青年学生成为有勇气、有担任、有责任的人。中国文化虽历经沧桑、饱受磨难，却绵延不绝、薪火相传、生生不息，就是因为她有以爱国主义为核心的伟大民族精神，有将个人命运与民族命运紧密相连的优良传统，有"天下兴亡，匹夫有责"的豪情壮志。历代中国知识分子以天下为己任的历史责任感和使命感，激励着当代高校青年学生为中华民族的伟大复兴而不懈奋斗。

第三节 弘扬中国优秀传统文化与增强新时代 高校青年学生文化自信的时代性

中国优秀传统文化源远流长、博大精深，是中华民族5000多年以来精神文明的积淀，是中华民族的精神命脉，是最深厚的文化软实力。它独特的价值体系，影响着人们的思想和行为方式，对人们树立正确的世界观、人生观、价值观产生积极的作用。从古人"先天下之忧而忧，后天下之乐而乐"的政治抱负，"位卑未敢忘忧国""苟利国家生死以，岂因祸福避趋之"的报国情怀，"富贵不能淫，贫贱不能移，威武不能屈"的浩然正气，"人生自古谁无死，留取丹心照汗青""鞠躬尽瘁，死而后已"的献身精神，以及社会主义先进文化中所体现的雷锋精神、铁人精神、"两弹一星"精神、载人航天精神、抗震救灾精神、塞罕坝精神，无一不体现出中国文化的内涵，传递出积极的社会价值取向。在经历时代的洗礼后，这些精神依旧在历史长河中熠熠生辉，如一盏明灯，照亮后人前进的道路。它们或是以诗词为载体，在声声朗读中，让人领悟中国诗词文化之美；或是融入现代社会的普世价值观中，紧跟时代步伐，在发展中创新，在创新中赋予其时代价值。

一、中国优秀传统文化的时代性

文化是一个国家、一个民族的灵魂。文化兴国运兴，文化强民族强。没有高度的文化自信，没有文化的繁荣兴盛，就没有中华民族的伟大复兴。要实现伟大的中国梦，就必须坚守中国优秀传统文化，树立文化自觉，提高文化自信。中华文明历经千年积淀，是凝结各族文明智慧的结晶。在历史的滚滚浪潮中，我们应对中国传统文化取其精华，去其糟粕，保留下独具中国特色的优秀传统文化，同时改革创新、革故鼎新，不断吸收具有时代性的新特点，赋予中国优秀传统文化新内涵。不忘本来才能开辟未来，善于继承才能更好创新。对历史文化特别是先人传承下来的价值理念和道德规范，要坚持古为今用、推陈出新，有鉴别地加以对待，有扬弃地予以继承，努力用中华民族创造的一切精神财富来以文化人、以文育人。

在中国优秀传统文化中，中国诗词是浓墨重彩的一笔，也是人们精神源流中极富思想力量的一脉。无论是"体物写志"的汉赋，平仄对称、格律严谨的唐诗，或豪放、或婉约的宋词，还是将传统诗词、民歌、方言俗语融为一体的元曲，又或是不拘形式的现代诗歌，都或多或少地包含着一个时代人民情感、生活、思想动态的缩影。当我们读到"路漫漫其修远兮，吾将上下而求索"时，便感受到屈原为崇高理想而奋斗，为国献身，休戚与共的爱国主义情怀；当读到"大漠孤烟直，长河落日圆"时，广阔无垠的塞外风景仿佛跃然纸上；当读到"宁可枝头抱香死，何曾吹落北风中""生当作人杰，死亦为鬼雄"时，诗人坚毅不屈的民族气节令人敬佩不已。这些诗词历经岁月的打磨，被一代又一代人传承歌颂。在时间的冲刷下，它们不但没有褪色，反而更加熠熠生辉，成为支撑人们前行的精神食粮。它们蕴含着创作者的思想精神，传递着前人对生活、对世界的见解和看法。尽管它们可能源于某一时代特定的政治环境，有特定的时代性，但这并不影响它们所具有的对现代生活的指导意义，成为我们树立正确的世界观、人生观、价值观、民族观的导向。中国诗词以汉字为载体，让我们在横、竖、撇、捺之间感受坚毅不屈的爱国情怀、宁静致远的人生态度、刚正不阿的个人品质。好的文艺作品要有端正的"脊梁"，能够让读者阅读之后有所思考，有所探究。纵观优秀的传统文化，都有一个共同特点：总能在某一方面给予人正面影响。同时，中国优秀传统文化中蕴含着丰富的哲学思想、人文精神、道德理念等，可以为人们认识和改造世界提供有益启迪，可以为治国理政提供有益启示，也可以为社会主义道德建设提供有益启发。

二、中国优秀传统文化与社会主义核心价值观的时代联系

中国优秀传统文化是中华民族的精神命脉，是涵养社会主义核心价值观的重要源泉，也是我们在世界文化激荡中站稳脚跟的坚实根基，是中华民族的"根"和"魂"。中国优秀传统文化是各时代劳动人民智慧的结晶，包含着独具中国特色的哲学思想，并与时代同在，与时代前进。例如，儒家学派所提出的五常之道"仁、义、礼、智、信"，以及后续延伸出的"温、良、恭、俭、让""忠、孝、廉、耻、勇"，简单15个字就包含了做人的道德伦理准则。在党的十八大报告24字社会主义核心价值观基本内容中，针对个人层面提出的"爱国、敬业、诚信、友善"，与儒家经典所倡导的个人道德规范、社会伦理准则有很多相似的地方。国家层面的"富强、民主、文明、和谐"，体现出在近代饱受帝国主义压迫之后，国家、民族要站起来、强起来、富起来的决心，以及"以和为贵，和而不同"的儒家传统处世哲学。社会主义核心价值观三个层面的基本框架："中国古代历来讲格物致知、诚意正心、修身齐家、治国平天下。从某种角度看，格物致知、诚意正心、修身是个人层面的要求，齐家是社会层面的要求，治国平天下是国家层面的要求。我们提出的社会主义核心价值观，把涉及国家、社会、公民的价值要求融为一体，既体现了社会主义本质要求，继承了中国优秀传统文化，也吸收了世界文明有益成果，体现了时代精神。"在社会精神文化需求日益增长的情况下，一方面，我们要弘扬和发展中国优秀传统文化，不忘本；另一方面，我们要面向世界，博采众长，兼收并蓄，实现对中国优秀传统文化的创造性转化和创新性发展，使这些优秀传统文化具有新的时代内涵和现代表达形式，使其始终保持强大的生命力。

近年来，随着全球化进程的不断加快，面对西方外来文化势力的不断渗透，我们更要坚定文化自信，坚持社会主义核心价值观，不断构建和完善社会主义核心价值体系。5000多年文明历史所孕育的中国优秀传统文化，熔铸于党领导人民在革命、建设、改革中创造的革命文化和社会主义先进文化，坚持以马克

思主义为指导，立足中国现实条件，发展面向现代化、面向世界、面向未来、面向民族、面向科学、面向大众的社会主义文化，形成了中国特色社会主义文化，激励着全国人民奋勇向前。随着时代的发展，社会主义先进文化也赋予了中国优秀传统文化与时代相适应的新内涵，并以马克思主义为指导对其内涵不断加以补充、拓展、完善，增强其影响力和感召力，使其与社会主义先进文化相契合，焕发出时代魅力。

三、中国优秀传统文化对高校青年学生文化自信的时代影响

高校青年学生只有坚定文化自信才能始终保持这种信心。高校青年学生正处于国家观、民族观、道德观、历史观形成的重要时期，作为一个国家未来发展的中流砥柱，培养高校青年学生的文化自觉、文化自信刻不容缓。

在全球化进程中，不同民族文化相互碰撞。高校青年学生正处于信息爆炸的时代，面对纷繁复杂的社会，各种不同的思想充斥在高校青年学生的学习生活中，这对于世界观、价值观、人生观尚不健全的高校青年学生是一个不小的冲击。在大量西方文化呈爆发式涌入中国的背景下，以高校青年学生为代表的青年一代成为西方宣扬的"普世价值观"的受众主体。在这一观念的带动下，部分青年对传统节日、习俗越来越淡漠，很多优秀传统文化被遗忘，甚至出现断层，难以传承的现象。随着经济的飞速发展，人们生活节奏不断加快，快餐文化逐渐成为青年一代生活的主流。精神文化的缺失，使青年一代心浮气躁、急于求成，很难静下心来仔细思考。殊不知，在传统文化意识淡化过程中，我们抛弃的是一个民族最宝贵的财富，丢掉的是民族的精神根基。对个体而言，丢掉了本民族文化，就会得"软骨病"；对一个国家、一个民族而言，失去了民族精神脊梁的支撑，永远也不会站立起来。

在大力弘扬中国优秀传统文化的背景下，中国优秀传统文化开始慢慢地改变和影响着人们的生活：在公交车、地铁上，会听到"尊老爱幼是中华民族的传统美德，请把座位让给有需要的人"的温馨提示；在电视里，开始出现越来越多的以中国优秀传统文化为背景的节目，如《中国诗词大会》《中国汉字听写大会》《中国成语大会》等，吸引了大量青少年学生的参与，潜移默化地以青年更加容易接受的方式，让他们深入地了解中国优秀传统文化，在对中国优秀传统文化的认知基础上形成文化认同。同时，将中国优秀传统文化与现代生活相融合，创造性转化、创新性发展，激发中国优秀传统文化的生命活力。

另外，许多高校把中国优秀传统文化的教学放在突出地位，设置了中国优秀传统文化基础必修课程与选修课程，引导高校青年学生全方位地认识中国优秀传统文化。通过学校的主动引导，高校青年学生对传统文化的看法悄悄地发生

了变化，尤其是传统节日逐渐变得更受重视：端午节，包粽子、挂菖蒲；中秋节，阖家赏月、吃月饼；清明节，踏青、扫墓、祭祀。这些曾经快被遗忘的习俗又重新回到人们的生活中，人们在传承古人习俗的同时，也融入了具有时代特点的新元素，如利用网络推广优秀传统文化，让更多的人了解中国；鲜花代替焚纸，在祭奠的同时坚持了保护生态环境的理念。中国优秀传统文化影响着高校青年学生学习和生活的点点滴滴，这有来自学校的推动，但更多的是高校青年学生自身对本民族文化的认可和赞同。一个民族的文化自信是由内而外的，我们应从骨子里、从根本上认可自我、展现自我。以文化人、以文育人，在中国优秀传统文化的浸润下，广大人民被牢牢地凝聚在一起，体现了全民族强大的凝聚力和向心力。

　　时代在进步，文化在发展，中国优秀传统文化是中华民族精神命脉的重要内容始终不变。高校青年学生作为国家的未来，承载着民族的希望，更不能在思想和精神上有所松懈。要以科学的态度对待中国优秀传统文化，既不能"厚古薄今"，也不能"厚今薄古"，更不能采取全盘接受或者全盘抛弃的绝对主义态度。客观地看待各国文化差异，学习他人精华，取长补短，择善而从，不断丰富和发展本民族文化。高校青年学生要始终坚持把社会主义核心价值观作为基本准则，加强自身德育建设，从根本上坚定中国特色社会主义道路自信、理论自信、制度自信、文化自信，真正成长为有理想、有本领、有担当的社会主义事业建设者和接班人，在中国特色社会主义建设过程中发挥先锋作用。

第六章 高校中国优秀传统文化教育的整体性设计

第一节 高校中国优秀传统文化教育整体性设计的基本原则

对高校中国优秀传统文化教育进行整体性设计要遵循四个原则：教学内容要与教学环节相一致，优秀传统文化教育与校园文化建设相一致，优秀传统文化教育与学生日常生活相统一，优秀传统文化教育要与学生的社会实践相统一。

一、教学内容与教学环节相一致

在高校大学生思想教育中，不仅要挖掘中国优秀传统文化蕴含的思想观念，也要充分挖掘中国优秀传统文化中的人文精神和道德规范，帮助大学生全面学习和掌握其内涵，并运用到学习和生活中。通过优秀传统文化教育，让大学生深刻学习和掌握中国优秀传统文化的思维方式、价值取向、伦理观念与理想人格，从而形成一种自强不息的民族精神、修齐治平的家国情怀、崇德向善的道德和"内圣外王"的人格修养。这些内容要通过一定的教学环节设计与实施来实现，所以，在优秀传统文化教育中，首先要确保优秀传统文化教育内容与教学环节相一致。

（一）教学设计科学规范

优秀传统文化课程的教学设计主要包括教学目标、教学内容、教学方法、教学评价等方面。教学目标是指在教学活动中希望得到的学生的学习结果，教学活动以教学目标为导向，且始终围绕实现教学目标和教学内容而展开。

1.教学目标设计

高校中国优秀传统文化教育教学目标的设计一定要符合高校本科学生思想教育目标的基本要求。首先，教学目标的陈述必须是明确、具体、科学和规范的。其次，教学目标不仅应包含单一的学习成果，而且应包括各个方面的成果，即教学目标应该具有完整性，要使教学目标与课程目标相一致，要包含该课程的所有重要成果。课程目标应从知识和能力、过程和方法、情感态度和价值观三个维度设计。除课程总目标外，还有学段目标、学年目标、学期目标、单元目标，分别体现在课程计划、课程标准、教师参考用书等内容中，这样才能使课程目标构成一个完整的体系。最后，教学目标必须更多地关注学生的特点，要与学生的年龄水平、经验背景、需要及兴趣相关。只有从学生现有的知识水平和理解水平等发展水平出发，将课程目标具体化，才有可能将优秀传统文化内化为学生学习的成果。

2. 教学内容设计

教学内容设计要涵盖课程的主体内容，要针对大学生的知识结构、理解能力、身心发展规律、接受情境等诸多因素，对教学内容进行科学合理的设计。合理安排不同教学内容的教学活动，并具体落实到每个知识点，用实例和注释深刻阐述教学内容的重点和难点，将优秀传统文化的理论与大学生的生活实际结合起来，使大学生学有所用，用有所依。

3. 教学方法设计

中国优秀传统文化的传承和发扬在于不断学习，学习的根本在于教学，而教育与学习重在方法，教学有法，教无定法，贵在得法。

在高校优秀传统文化教育教学中，教学形式可以采用呈现方法、实践方法、发现方法、强化方法。教师教的方法包括讲授法、提问法和论证法等；互动的方法包括班级讨论、小组讨论、学生分享、小组设计等；学生个性化的方法包括程序教学、单元教学、查阅资料、总结分析、比较分类等；实践的方法包括现场观察、实训、见习等。

（二）教学形式灵活多样

如何把中国优秀传统文化教育融入课堂教学，使课堂教学生动活泼、科学有效，促进学生身心全面健康发展，这是当前课程改革和教育实践中面临的重要问题。

传统文化的教学形式灵活多样，如可以采用讲授法、讨论法、直观演示法、读书指导法、任务驱动法、参观教学法、自主学习法等。

高校要常结合中国优秀传统文化中的案例进行解析，在课堂教学中将教师的讲解和学生自主学习结合起来，互相促进，共同提高；通过理论与实践相结合，进一步对教师在课堂教学中讲授的知识内容进行巩固和强化，使大学生加深对所学知识的理解和掌握，而且使所学知识的深度和广度不断深化和延展。

高校要将现代的教学手段不断地融入传统教学手段，恰当使用信息化技术进行优秀传统文化教育。在教学中尽量收集适应新形势的、形象生动的教学材料，包括音频、视频和图片等，强化课堂教学对学生的吸引和感染；高校要旁征博引，触类旁通，将中国优秀传统文化教育和学生的日常行为有机结合起来，拓展高校大学生道德教育的渠道和视野，在学生视野开阔和教育针对性加强的过程中不断提升教育教学工作的实效性，努力培养德才兼备、素质全面、适应社会的高素质人才。

（三）教学评价准确客观

教学评价是依据教学目标对教学过程及结果进行价值判断并为教学决策服务的活动，是对教学活动现实的或潜在的价值做出判断的过程。其核心环节是对学生学习效果的评价和对教师教学过程的评价，评价的方法主要包括量化评价和质性评价。教学评价的首要功能是导向功能，即保证各级各类学校的教学活动符合教育方针和教学目标，规范教师的教和学生的学。

高校优秀传统文化教育教学已经初步融合课程与教材体系，而且越来越规范和完善。纵观优秀传统文化教育教学相关研究，多是突出其重要意义和教学内容，而较少关注教学评价的功能。在传统文化教学评价中，应该淡化知识和能力目标，重视过程和方法的隐性教育功能，确定情感导向，构建以情感教育为导向的监测指标评价体系，为传统文化教学评价的具体实施提供理论基础和学理支撑，并进一步探究教学效果的量化评价和质性评价的有机统一。

大学生普遍关心最终的考核成绩，所以评价与考核成为学生主动学习的指挥棒。如今高校开设优秀传统文化课程，不仅是为了帮助学生了解和掌握书本内容，更重要的是为了让学生明确礼仪行为规范，知道自己哪些事不能做，哪些事可以做，向古圣先贤学习，帮助大学生具备良好的人文素养，为其走上社会奠定坚实的基础。过去的期末考核通常旨在考核学生记忆课本的能力，没能体现高校中国优秀传统文化课程的教学目的。因此，大学生最后的总体评价即最终成绩应该是综合课堂表现、社会实践、日常言行、期末考试等多方面的整体得分。期末考核可以采取闭卷、开卷、命题论文、面试等多种形式，也可以让学生联系自己的学习和生活实践，撰写研究报告和心得体会。重视对学生学习过程的评价，在期末考核评价时加大平时成绩在总评成绩中的比例，尤其是重点考核学生参与实践教学各个环节的表现，从客观上督促学生了解更多的中国优秀传统文化，更好地达到优秀传统文化的教育效果。

综上，要依据教育目标，保持教学目标和学习目标相一致，保持教学内容和教学环节相一致。在优秀传统文化课程教学中，应从六个方面来考察教学效果：一是目标与所涉问题相一致；二是目标与讨论方式相一致；三是课程目标与教学环节相一致；四是教学目标与教学评价相一致；五是教学内容与教学环节相一致；六是课前评价、课中评价与课后评价的整体性和一致性。

在优秀传统文化课程教学中，教师要设计与学习目标、教学内容与教学环节相匹配的评价方式，以此来评判学生的学习状况，从而进行及时的测评与反馈。在教学中，教师是课程的执行者，也是课程的创新者和研究者。教师必须从分析学生学情出发，从教育目的出发，从教学内容出发，将目标与原则、学习与评价、方法与方式、内容与环节联系起来进行统一安排和设计。

二、优秀传统文化教育与校园文化建设相一致

优秀传统文化教育与校园文化建设相一致。一方面，中国优秀传统文化融入校园文化建设，是校园文化建设的一部分；另一方面，校园文化建设是优秀传统文化教育的一个重要渠道，对大学生综合素质的提高和优秀品格的形成有重要的意义。

中国优秀传统文化传承和发扬需要后继有人。大学生精力旺盛、思维活跃，容易接受新事物，是传承中国优秀传统文化的有生力量。中国优秀传统文化融入校园文化建设意义重大。充分利用大学生的独特优势，发挥校园文化的育人功能，能很好地培养大学生成为中国优秀传统文化的传承者，使中国优秀传统文化代代相传。

课堂教育与校园文化是相互影响、相互匹配的，每个学校都有其独特的校园文化，这种校园文化时时刻刻浸润着大学生的心灵，并使之在文化土壤中滋养成长。同时校园文化是有土壤的，这个土壤就在课堂中，通过课堂教学这个土壤，校园文化发芽、开花和结果，教师在课堂传递和倡导什么样的文化，就必然会在校园中营造出什么样的氛围。校园文化和课堂教学是互相影响和互相作用的，校园文化无时无刻不在影响校园内的大学生的思想和行为，大学生所受到的思想和行为的影响也必然体现在课堂中，会在课堂教育的过程中不断地表现出来，在学习和思考中发挥作用。因此，要开展好中国优秀传统文化教育，把优秀传统文化教育落到实处，就要结合课堂教学的目标和内容，认真审视校园文化，通过有意识、有目的的行为和活动努力构建与课堂教学相一致、相促进的校园文化。

优秀传统文化教育要与校园的物质文化相融合。每个学校都有不同的发展历史，也有不同的校园物质文化风格，校园环境的文化内涵及人文精神在一定程度上是通过物质文化来传递的。高校可以通过实用、精巧的校园景观设计，将校园物质文化融入其中，以推动中国优秀传统文化与校园文化的有机结合，这对学生的思想有潜移默化的作用。比如，在校园的绿化带设立凸显地域特色和风格的艺术造型；在校园内竖立各专业方面的领导人物的塑像，展板上张贴领军人物的成果及他们对社会的贡献等内容，也可以张贴名人名家的名言警句等，展现他们的思想风格和精神；开辟传统节日场所的彩色灯光或节日喷泉等内容，以景渲染传统文化氛围等。通过这些物质载体，使学生的爱国、爱家精神以及民族自豪感油

然而生，从而彰显校园物质文化的活力。

优秀传统文化教育要与校园的精神文化相融合。校园文化建设除了物质文化建设以外，还包括精神文化的塑造。精神文化的塑造可以提炼中国优秀传统文化的精髓，比如用校训来表现学校的传统文化思想。校训是一个学校的灵魂，体现了一所学校的办学传统，代表着校园文化和教育理念，是校园人文精神的高度凝练，是学校历史和文化的积淀。一所老牌学校的校训为我们打开其历史文化之门提供了一把金钥匙，为我们眺望其精神家园打开了一扇窗户。也可以通过校徽来体现校园文化，校徽彰显了学校的办学理念和人文精神，突出了学校独特的文化内涵和精神底蕴。校徽是根据学校办学理念、办学特色以及在办学过程中沉淀和积累的人文精神设计出来的，在很大程度上代表了学校的精神和价值取向。校歌也是充分体现学校的传统文化思想观念、价值观念的文化载体，是表现学校整体形象的音乐载体，是学校教育理念、校园精神、办学特色和优良传统的集中体现，是学校优良校风及教风、学风的高度概括，是引领学校发展方向的精神宣言。从 2000 多年前孔子创办私学开始，"弦歌不辍"就成为形容学校生活的一句传统用语。这些形式都充分体现了传统文化的思想精髓。

优秀传统文化教育要与校园文化活动相融合。校园文化活动为学生展示了校园独特的文化个性，也为学生学习优秀传统文化、展示自己的才能提供了广阔的平台，使他们的业余生活变得丰富多彩。学校团委可以通过社团活动等形式，开展丰富多彩的社团活动，根据学生的特点适时地进行优秀传统文化教育，如校史展览、书法绘画展览、优秀校友展示、国学知识讲座、传统文化知识竞赛、历史话剧比赛、古诗古文朗诵比赛、优秀传统文化微电影大赛、历史事件演讲比赛、辩论赛、名人报告会等。力求通过开展多种校园文化活动，使学生亲身感受到校园文化的魅力，使大学生对优秀的民族文化与传统美德产生认同，激发大学生学习和传承中国优秀传统文化知识的热情，提高学生的民族认同感和民族自信心，使他们能够真正继承并弘扬中华民族精神。

三、优秀传统文化教育与学生日常生活相统一

随着中国现代化转型的深入，中国优秀传统文化对日常生活产生了深刻影响，一方面它使日常生活更加丰富，另一方面它促进了日常生活的审美化、非意识形态化和理性化。所以，高校优秀传统文化教育，一定要注重实践与养成、需求与供给、形式与内容的结合。把中国优秀传统文化内涵更好、更多地融入生产、生活的各方面，不但要学习优秀传统文化思想和理论，而且要在日常生活中践行，这样优秀传统文化才能焕发生机和活力，深入人心，激发起人们认知、了解、保护与传承的热情，从而发挥优秀传统文化的巨大作用。

要挖掘优秀传统文化的现代性因素。优秀传统文化的传承和发展有深厚的历史积淀，只有当新的文化形态与优秀传统文化互相结合、互相作用，才能使传统文化不断发扬光大，社会才能不断前进。当代中国的现代化发展，使经济、政治和文化领域都发生了一系列变化，这些变化要与优秀传统文化有机结合，充分挖掘优秀传统文化的现代性内涵，使之积极应对社会结构转型对高校大学生的挑战，这也是优秀传统文化真正融入高校大学生现代生活的关键环节。

要将优秀传统文化融入高校大学生的生活。注重实践与理论、习惯与自觉、需求与灌输、形式与内容相结合，把中国优秀传统文化内涵更好、更多地融入学生生活的各方面。深入开展"我们的节日"主题活动，实施中国传统节日振兴工程，丰富春节、元宵节、清明节、端午节、七夕节、中秋节、重阳节等传统节日文化内涵。加强对传统历法、节气、生肖、饮食、医药等的研究阐释、活态利用，使其有益的文化价值深度融入学生的生活。将创造性转化和创新性发展作为指导传承发展中国优秀传统文化的一大基本原则。按照时代的新进步、新进展，对中国优秀传统文化的内涵加以补充、拓展、完善，增强其影响力和感召力，使中国优秀传统文化在高校扎根、开花、结果。

要将优秀传统文化思想与大学生道德思想相结合。中国优秀传统文化博大精深，是中华民族的突出优势，是思想理念、传统美德和人文精神的有机统一，自古以来就对社会道德建设发挥重要作用，不论时代如何变幻，这种文化助推精神的作用始终存在，在思潮多元、利益多局的新形势下更显著，因此，应当进一步推动优秀传统文化融入大学生思想道德建设，把中国优秀传统文化的思想融入学生的思想，促进大学生的良好思想品格和道德修养的形成。

强化大学生对优秀传统文化的进一步认识，以大学生的自信、自强、自警、自律促进优秀传统文化融入道德建设。优秀传统文化的继承和弘扬在很大程度上以大学生的认知为基础，中华儿女的"根"和"心"在时代的演绎中同脉共生，就在于凝聚于文化之中的共识。要加强宣传，推动优秀传统文化进教材、进课堂、进作品、进网络、进家庭，从时间和广度上使更多大学生知其源头、明其现状；要培养大学生开放包容的心态，正确对待外来文化，取其精华；帮助他们自觉明史、读诗、学理，使大学生找到自身行为与文化的相同轨迹，以一次次升华的文化自信激发道德建设新触点。

四、优秀传统文化教育与学生的社会实践相一致

中国优秀传统文化是中华民族集体智慧的结晶，通过社会实践活动来学习优秀传统文化，可以不断提升个人素质和品质，激发大学生对优秀传统文化的兴趣和热情，为其接受深层次的精神内核打下了良好的基础。在社会实践过程中，大

学生能够接触到大自然给予我们的宝贵文化遗产，这些文化包含着先民对自己资源的认识，对开发自然的态度，包含着对当前生产的要求，对未来生活的向往。参加这种社会实践，无疑能够使学生更加清楚地认识到个人在自然和社会中的位置，实现内心世界和外部世界的统一，树立起正确的人生观和世界观；还有利于培养大学生宠辱不惊的态度和百折不挠的进取之心，能够使大学生具有良好、乐观的生活态度和坚韧的意志，促进大学生全面发展。

为了确保优秀传统文化教育实践活动的教育意义，社会实践基地必须进行仔细的调查研究，必须符合大学生的特点和学校自身特色文化的精神价值和内涵。要明确优秀传统文化教育的目标，在社会实践中开展优秀传统文化教育，培养学生的道德修养和家国情怀，促使他们形成良好的道德品质，提升大学生的民族自豪感。同时，高校还要不断深化大学生社会实践的内涵，大学生优秀传统文化教育实践不应局限于学习知识、调查情况、掌握技能，还要在此基础上有意识地引导学生展开对现实社会问题的思考，思考国家的发展和民族的复兴，思考如何把个人命运与国家命运结合起来，着重培养学生积极参加实践、努力服务他人、奉献社会的思想意识和观念。通过社会实践，使学生能真正地感受和接触改革开放以来社会主义现代化建设的新成就，进而增强民族自信心、国家认同感、文化认同感和社会制度的优越感，最终通过社会实践不断培育和升华中华民族精神。

社会实践基地的优秀传统文化教育意义重大，并且面向不同阶段的大学生群体，任务繁多，因此在明确教育目标的同时，高校一定要加强组织管理，确保课程的针对性和有效性。在活动开展中，要保障学生的参与度，激发学生对优秀传统文化的兴趣，从了解到体验再到个人感悟，帮助学生形成一条完善的知识学习链条。

加强大学生社会实践基地建设，应当从实习基地抓起。从整合当地社会资源和文化资源入手，联合教育行政部门、学校和家庭，共同建设稳定的实践基地，有计划、有组织地引导大学生积极参加实践活动，通过参观学习、生产劳动等形式帮助大学生感受优秀传统文化的精神内涵。在大学生社会实践基地建设过程中，要注重完善社会实践基地的结构和功能，形成类型多样、功能齐全、教育结构完善的实践基地，充分发挥社会实践活动的优越性，推动大学生全面学习和践行中国优秀传统文化精神。

要突出社会实践中教师的作用，鼓励传统文化理论知识深厚、社会实践经验丰富的教师积极参与实践，这是保障大学生实践活动有效开展的前提。在实践活动中，教师不但要传授优秀传统文化方面的理论，而且要善于组织优秀传统文化实践活动，启发、引导学生在实践中感受中国优秀传统文化，使优秀传统文化的核心精神贯穿于大学生的其他学习和生活层面，提升大学生的理解效果。另外，还要对指导教师进行积极有效的考核，通过明确工作任务、职责和工作内容，制定科学合理的考核制度，定期或不定期地根据教师的工作态度、工作成效来考核和评价传统文化实践指导教师，以激发教师的积极性和创造性，保障优秀传统文化教育的实践效果。同时还要创造良好的学习氛围，为实践活动的开展提供保障。在政策上、财力上给予教师支持，加大在实践活动研究、外出考察等经费上的投入，保证优秀传统文化的社会实践效果。

第二节　高校中国优秀传统文化教育体系的设计

2014 年 3 月，教育部印发的《完善中国优秀传统文化教育指导纲要》明确提出："围绕立德树人为根本任务，以弘扬爱国主义为核心的团结统一、爱好和平、勤劳勇敢、自强不息的民族精神为主线，以推进大中小学中国优秀传统文化教育一体化为重点，整体规划、分层设计、有机衔接、系统推进，促进青少年学生全面发展，培养富有民族自信心和爱国主义精神的社会主义事业建设者和接班人。"2017 年年初，中共中央办公厅、国务院办公厅印发了《关于实施中国优秀传统文化传承发展工程的意见》，这是第一次以中央文件的形式专题阐述中国优秀传统文化传承发展工作。该文件将中国优秀传统文化"贯穿国民教育始终"列为重点任务之一。这些文件都在传递一个信息：高校中国优秀传统文化教育必不可少且极其重要。

那么，高校中国优秀传统文化教育应以什么样的面貌呈现在学生面前呢？下面逐一进行设计规划。

一、高校中国优秀传统文化教育覆盖大学教育的各个学段

高校中国优秀传统文化必须覆盖大学教育的各个学段，根据不同年级选择不同的教育内容，做到传统文化教育的无缝衔接。

高校中国优秀传统文化教育要贯穿高校人才培养的全过程。落实党的十九大报告提出的"推动中国优秀传统文化创造性转化、创新性发展"的"两创"方针，坚持马克思主义道德观、社会主义道德观，古为今用、推陈出新，积极开创高校大学生优秀传统文化教育的全新局面。

大学一年级，以学习优秀传统文化基本内容为重点，开展优秀传统文化基础教育，培养热爱中国优秀传统文化的情感。大学二年级，以提高感受力为重点，开展认知教育，引导学生感受中国优秀传统文化的丰富多彩。大学三年级，以增强理解力为重点，提高对中国优秀传统文化的认同度，引导学生认识我国统一的多民族国家的文化传统和基本国情。大学四年级，以增强理性认识为依托，引导

学生感悟精神内涵，增强对中国优秀传统文化的自信心，以提高自主学习和探究能力为重点，培养文化创新意识，增强传承和弘扬中国优秀传统文化的责任感和使命感。

二、编制完善科学的高校优秀传统文化教材体系

目前，高校优秀传统文化教育教学缺少高质量的教材，教材内容良莠不齐。一些高校开设的选修课程大多依据教师个人的讲义，没有形成规范的教材，这在一定程度上制约了优秀传统文化教育的开展。因此，必须组织国内一些传统文化方面的专家、学者，编写高校优秀传统文化课程所需的教材。

在编写高校优秀传统文化教材时，要遵循以下四个原则。

首先，所编写的教材一定要符合高校的教育方针。我国高等教育肩负着培养德、智、体、美、劳全面发展的社会主义事业建设者和接班人的重大任务，必须坚持正确的政治方向，以立德树人为核心，构建优秀传统文化教材体系。

优秀传统文化教材大体分为三部分内容。一是文本类的内容，包括文艺作品、史学作品、学术著作、文献等。这类内容一定要多诵读，没有长时间的诵读，很难理解原文及其背后深刻的文化思想和内涵，文本类的内容是传统文化的核心。二是知识类的内容，包括古代传统习俗、古代社会制度、古代生活常识等，这部分内容不一定需要阅读文本才能完成学习。比如，我们想了解孔子和老子，不一定要看他们的著作，通过电视等媒体看他们的故事或传记，也能了解他们的一些思想，也能完成教育。三是技艺性的内容，这一类内容可以不依赖文本来学习，比如舞蹈、书法、茶艺等，这些内容即使倒背如流也不一定能掌握其技巧，必须练习并接受老师的指导，才能学好和领会。

其次，高校优秀传统文化教材不仅要体现优秀传统文化精神、文化知识、道德行为规范和价值取向，还要注意内容的实用性、科学性和时代性，使所选内容与当前大学生的日常生活、思想趋向息息相关。

再次，优秀传统文化教材的编写要考虑学生的学习能力，要立足于中国优秀传统文化基本内容的普及，注重学生基本素养的培养和提高，因此内容不宜太深。现在的部分传统文化教材内容在各自的专题内阐述得过深过细，使学生一时难以接受消化，而且知识面窄小，不利于学生全面系统地了解传统文化。

最后，优秀传统文化教材的编写要注重综合性和专题性的结合，这就要求优秀传统文化教材内容要分成两部分：第一部分是优秀传统文化综合性的呈现教育，要求内容宽而广；第二部分是专题文化教育，以优秀传统文化的各个专题为对象，要求内容狭而深。在编写优秀传统文化教材时，教材内容的选择应体现综合性，避免学生只见树木不见森林。编写能反映传统文化发展全貌内容的教材，

使学生从整体上认识中国优秀传统文化的博大精深，避免陷入零碎的专题中。在学生对优秀传统文化内容有了全面的了解，具备整体感后，再进入专项内容的学习。对于综合性的优秀传统文化教育，应该采取必修的形式，并计入学生的学分；专题文化教育则可针对不同专业展开，采取选修形式。同时，优秀传统文化教材的专题文化部分可以根据学校的专业设置进行编写，重点突出与专业方向一致的专题，将专业和优秀传统文化内容挂钩。优秀传统文化内容非常丰富，内容涵盖诸多方面，专题设置也应本着求全的原则涉及所有传统文化内容。

依据上述教材编写原则，高校传统文化教育的教材内容主要分为以下六个模块。

一是儒家经典模块。主要包括《大学》《中庸》《论语》《孟子》《诗经》《尚书》《礼记》《易经》《春秋》《孝经》等内容。

二是史学经典模块。主要包括《三国志》《晋书》《史记》《汉书》《资治通鉴》等内容。

三是诸子百家经典模块。主要包括《墨子》《荀子》《韩非子》《孙子兵法》《公孙龙子》等内容。

四是文学经典模块。主要包括"中国古代文学史""唐诗研究""宋词研究""文选研读""中国古代戏曲研究""楚辞研究""音韵学""训诂学""古文字学"等。

五是家训模块。主要包括《朱子家训》《诫子书》《曾氏家训》《周公诫子》《了凡四训》等。

六是大学生礼仪规范模块。主要包括"大学生常用礼仪""常礼举要"等。

三、开设中国优秀传统文化必修课程和选修课程

近年来，随着我国高等教育的不断深入、综合国力的提升以及国际影响力的日益增强，中国优秀传统文化的传播速度也在不断地加快，在高校和社会广泛兴起了弘扬优秀传统文化的热潮。在各类院校中国优秀传统文化教育中，本科教育因其教育对象是思想最为活跃的青年学生，而且优秀传统文化教学也没有固定的模式可循，因而相应的中国优秀传统文化课程开设的数量以及内容的深度、难度、广度等问题都有很大的不同，也存在很大争议。

目前，我国高校优秀传统文化课程主要包括通识教育和精英教育两种形式。在通识教育方面，很多高校已经开设了中国优秀传统文化的选修课程，并出版了中国优秀传统文化方面的一系列教材和专著；有的高校开设了面向全校学生的公共必修课程，后来转为选修课程；有的高校开设了中国优秀传统文化的通识课程。在精英教育方面，一些高校创办人文科学实验班，招收国学方面的本

科学生；有的高校在国内率先创办国学实验班；还有的高校正式成立了国学院，开展本硕连读的国学教育等。这些举措极大地推动了高校中国优秀传统文化教育的开展，为高校中国优秀传统文化教育的进一步开展积累了非常宝贵的经验，取得了很好的效果。

大多数高校在中国优秀传统文化教育方面，开设"大学语文"，除"大学语文"外，其他课程基本上都是作为公共选修课程开设的，因而，在课程设置数量、学时安排、教材编写、师资配备、学生的选课范围等诸多方面都缺乏相应的保障，致使高校优秀传统文化教育教学效果不甚理想。

（一）开设中国优秀传统文化必修课程

中国优秀传统文化必修课程开设的出发点是有利于培养大学生的文明思想和行为，丰富大学生的精神世界，促进大学生的全面发展；有利于大学生继承和发展中国优秀传统文化，使中国优秀传统文化在继承中发展，在继承中创新；有利于弘扬中国文化和民族精神，提高民族自信心和自豪感，建设中华民族共有的精神家园；有利于提升大学生对中国文化价值的肯定，激发当代大学生对自身文化生命力的坚定信念，明确大学生发展中国传统文化的历史责任，使大学生勇于担当，勇于实践；有利于提高当代大学生的科学文化素养和思想道德品质。

高校要进一步加强大学生中国优秀传统文化教育教学，适当增加新课程，增加学时数，构建新的中国优秀传统文化课程体系。增设有关中国优秀传统文化方面的必修课程，对文学专业和国学等专业的学生而言，"大学语文""古代汉语""现代汉语""国学概论"等概括性的课程可以作为专业必修课程；而对普通本科大学生而言，"中国传统文化通论""中国优秀传统文化大学生读本""中国传统文化概论""中国文化课程导读"等可以作为公共课程；而"中西文化比较""中国传统文化论坛""中国传统文化十讲"等专题课程以及原著类课程，应该作为专业选修课程或者公共选修课程出现。

（二）增设中国优秀传统文化选修课程

选修课程建设是深化普通高校课程改革的重点。如何兼顾高校各专业、各学科的特点，以及学生的兴趣，行之有效地开发、设计中国优秀传统文化选修课程，培养学生的传统文化素养，成了一个亟待解决的问题。同时，选修课程从国家课程到地方课程再到校本课程，课程体系立体清晰，怎样兼顾国家课程的价值追求与地方课程、校本课程的个性化、创造性开发，成为优秀传统文化开发设计选修课程的难点。

1. 高校中国优秀传统文化选修课程存在的主要问题

（1）活动场地和环境不能满足选修课程的需求

由于选修课程的开设以及学生的选课人数都不能确定，一些学校没有准备更多的适合选修课程的场所和设备。比如，茶文化与茶艺展示课需要对不同时期、不同类别的茶进行展示，同时还要准备茶室、茶具等，以便学生直观学习。

（2）没有配套的传统文化教学基地

选修课程讲授的内容要有与之相应的传统文化教学基地，有的传统文化内容，比如昆曲、京剧、相声、剪纸等，如果没有相应的实践基地或工作坊，就达不到理想的教学效果。

（3）供学生选择的选修课程和每门课程的人数设定与学生的需求不适应

学生相对感兴趣的课程，因人数有限，导致无法开设，学生只能被动地选择自己不感兴趣的课程，从而影响后续的学习积极性。

2. 开设中国优秀传统文化选修课程的实施过程

巧借本地特色设置选修课程，有效地传承当地非物质文化遗产。学校在选择选修课程内容时，可以结合当地特色，与当地非物质文化遗产传承人建立联系。以潍坊为例，这座历史文化名城蕴含着丰富的传统文化，潍坊风筝、木版年画、高密扑灰年画、诸城古琴、高密剪纸、核雕、刺绣、昌邑小章竹马、高密秧歌、青州花键等，一系列非物质文化遗产带给我们的不只是潍坊当地厚重的文化传统，还有浓厚的文化底蕴。潍坊当地高校，可以建立潍坊传统文化相应内容的选修课程，并建立非物质文化遗产传承教育基地和工作坊。

有意识地培养一支校内相对专业的选修课程师资队伍。根据本地地方特色、本校师资以及学生的基础等情况，结合可以作为学校长期开设的选修课程，选择有一定兴趣特长和一定专业背景的老师，并定期组织专业培训，培养一支本校专业的选修课程师资队伍，以确保选修课程开设的质量。

尽可能地将选修课程的开设与学校的专业设置结合起来，将选修课程的开设与当地的创业基地建设结合起来，将选修课程的开设与学生的社团组织有机结合起来，将选修课程的开设与文化特色结合起来。

合理安排选课班级和选课人数。根据学生的需要，开设数量相当的选修课程，这就需要提前对学生的选课倾向进行调研。针对选修人数较多的同一课程，可以适当增加班级容量；或者设置多个班级，由多位教师承担教学任务。针对选修人数较少的课程，可以适当减少人数设置。

建立合理的考核机制。为调动全体老师选修课程的任课热情，学校要建立合理的考核机制，将是否担任、任课效果等一并纳入师资考核中，在评优选模上给予政策上的倾斜。基于选修课程是专业教学任务之外的工作量，虽然选修课程课时不多，但备课和查找相关资料需花费很多精力，所以，学校要积极肯定老师的付出，给予选修课程的教师适当的课时补贴，以调动教师的积极性。

3. 开设优秀传统文化选修课程应该注意的问题

中国优秀传统文化选修课程的开发设计要凸显时代性，既要符合高校教育目的的要求，又要贴近学生的生活实际，借助学生的生活体验及其原有的知识储备，做到有的放矢，真正使中国优秀传统文化教育落到实处。

中国优秀传统文化选修课程的讲解要兼具知识性和趣味性。在选修课程中尽量多地引入传统文化中的典故、历史故事等内容，增加学习的趣味性，使大学生在快乐中学到传统文化知识。中国优秀传统文化中的典故都是从社会生活中长期积淀而来，与现实生活有千丝万缕的联系，有非常好的教育意义，合理地引用典故，常常能使同学们在潜移默化中习得知识，在欢乐中接受文化，在学习中提高智慧。同时，所选的典故材料要典型生动、活泼有趣，且具有深厚的文化内涵和丰富的寓意，最好是同学们知道、了解，但未上升到理论的内容，这样能接近学生学习的兴奋点，使学生们积极参与，更有利于培养学生探索的精神和能力，提高学生的民族文化品位。

选修课程要尽量结合各学科专业的特点设置。将专业学习中可与传统文化结合的点进行归纳、总结。可以开设的中国优秀传统文化选修课程有很多，如"《论语》与幸福人生""儒释道与三维人生""秦汉法律与社会""《周易》与中国文化""中国传统艺术""初识禅宗""中国戏剧史""中国书法艺术""古代建筑艺术"等。

通过不同内容课程的开设，大学生对中国优秀传统文化中的部分内容进行系统、深入的学习，加深对优秀传统文化的认知，拓展对传统文化理解的深度。

四、积极开展校园传统文化活动

优秀传统文化蕴含着丰厚的民族精神和道德理念，是高校在新时代进行青少年道德建设的重要思想养分，对社会主义市场经济条件下的大学生进行世界观、人生观、价值观、理想信念等方面的教育有极为重要的导向作用。随着"唐宋诗词热""国学热""幼儿读经热"等现象的出现，一方面让我们看到了传承优秀传统文化的热情和希望，另一方面让我们陷入沉思之中。难道，流传千年的文化就是"背背诗词""走走形式"吗？如何使优秀传统文化与高等教育更好地融为一体呢？除借助课程外，另一个重要的方法就是积极开展校园传统文化活动。

（一）建立优秀传统文化传承基地

2018 年 5 月，教育部下发了《关于开展中国优秀传统文化传承基地建设的通知》，决定在全国普通高校开展中国优秀传统文化传承基地建设。此举将基地定位在高校，充分发挥高等教育资源优势，既有利于优秀传统文化的传承、传播，又有助于学生开阔视野、提升文化素养。

该通知要求高校要建立健全多种传统文化教育基地，且基地的内容要全，范围要广，要符合大学生学习传统文化的实际；可以开设不同类型的传统文化课程，可以组建不同形式的社团组织，可以在联系点设立传统文化工作坊，也可以与企业和书院联合成立传统文化研究中心等，组织大学生进行内容丰富、形式多样的传统文化实践活动；同时依托学校研究机构、传统文化基地，不断加强研究和社会实践，不断探索新时代背景下中国优秀传统文化传承创新的新路径。该通知不仅为高校建立健全中国优秀传统文化传承基地提供了很好的理论指导，还为高校实施优秀传统文化教育、全面提高大学生的综合素质提供了政策保障。

作为传承中国优秀传统文化的平台，优秀传统文化传承基地已然成为进一步挖掘中国优秀传统文化价值内涵，进一步激发中国优秀传统文化的生机与活力，进一步增强文化自觉和文化自信的一个重要渠道。近年来，越来越多的高校开始探索将优秀传统文化纳入教学体系，通过基地建设，系统开设传统文化课程，以系统性、专业化的教育方式，把优秀传统文化的种子播撒到大学生心间，使优秀传统文化在大学生思想深处生根发芽。

（二）组织传统节日活动

传统节日习俗中蕴含了丰富的德育内涵，高校优秀传统文化教育要在教学中遵循典型性、契合性和创新性原则，通过组织学生参与多种以传统节日为主题的校内外实践活动，达到取得优秀教学效果和进行优秀传统文化教育的双重目的。

中国的传统节日包括春节、寒食节、清明节、端午节、七夕节、中元节、中秋节、重阳节等。每个节日都有相应的习俗，而这些习俗往往寓意深远，具有很强的教育意义。

春节、清明节、中元节、重阳节等节日中要虔诚地祭祀祖先，要不忘祖先恩德，心中常念长辈，这宣扬了孝道。而先祖、长辈们亦关爱儿孙们，在春节，长辈要给孩子们"压岁钱"；在端午节，要给孩子涂雄黄、佩香囊、戴艾虎等，这些习俗体现了长辈对晚辈的关怀爱护，也体现了中国传统文化中敬祖孝先、尊老爱幼的传统美德。

春节的扭秧歌、踩高跷、舞狮子、撑花船，元宵节的走百病，清明节的踏青赏春、放风筝，端午节的龙舟竞渡、悬艾蒲、饮雄黄酒，重阳节的登高啸咏、佩插茱萸，除夕前的除尘送灶等，都昭示了中华民族是一个爱劳动、追求健康生活的民族。

春节前大扫除、剪窗花、贴福字、挂年画，元宵节灯会上人们联句咏诗、灯谜竞猜等，既体现了中华民族是一个勤劳智慧的民族，又充分展示了中华民族自强不息、积极进取的精神面貌。

寒食节禁用明火，端午节包粽子、赛龙舟等习俗只为怀念爱国人士介子推、屈原，更弘扬了爱国主义精神。

不管是春节迎新、清明踏青、端午赛舟，还是七夕看星、中秋望月和重阳登高，这些节日习俗都传递了人们对美好生活的向往和祈祷，宣扬了中华民族是一个爱好和平、追求和睦的民族。

由上可知，中国优秀传统文化的传统节日习俗体现了多方面的德育内涵，这为大学生参与传统节日活动、实现优秀传统文化教育与高校思想政治理论课社会实践的融合提供了前提条件。

以不同的时间节点为契机，开展节日文化大讲堂，内容包括春节概览，元宵节来源，上巳节的起源和发展，端午节的传统习俗，七夕节的中国爱情文化，中秋节的神话传说，重阳节故事和诗词赏析，腊八节的文化内涵，冬至的内涵及习俗考辨等。

（三）开展校内优秀传统文化教育实践活动

孟子曾说："天将降大任于斯人也，必先苦其心志，劳其筋骨，饿其体肤，空乏其身。"他为我们清楚地阐明，强健的体魄和坚毅的品格是担当大任的先决条件，更指明了通往成功之路应具备的素质——躬身实践。中国优秀传统文化对于当代青年思想境界的提升、良好道德品质的培养等具有十分重要的作用。高校应该积极开展传统文化教育实践活动，搭建系列活动平台，帮助大学生在实践中深刻汲取传统文化中的营养，在实践中完成自我文化教育，从而找到安身立命的价值和意义，更好地规划和实现人生目标。

校内实践活动是学生学习传统文化的重要环节，是巩固和感悟所学知识的一个重要途径，以下列举了四种常见的活动形式。

第一，开展经典诵读活动，营造书香校园。充分利用学校图书馆和读书社等社团，有计划、有组织地向学生推荐优秀传统文化读物和读本，营造浓厚的读书氛围，夯实文化底蕴。

第二，开展文化大讲堂或传统文化专题讲座。聘请校内教师或者校外的传统文化教师，或是在传统文化某一领域有一定影响力的专家、学者、民间艺人等开展文化大讲堂或讲座，发挥文化讲堂的育人功能。

第三，开展各类专题竞赛。例如，国学知识竞赛、灯谜比赛、经典朗诵比赛、棋类比赛、传统文化征文比赛等，帮助大学生在竞赛中感受传统文化的魅力。

第四，开展各类专题文化展演。例如，民乐演奏会、汉服文化展、书法绘画展等。

（四）开展校外优秀传统文化教育实践活动

由于校内活动场景的局限，节日习俗的真实内涵无法得到真正全面立体的阐释，故而要把眼光投向校外，让学生在生活中真正体悟传统文化。具体的活动形式可以丰富多彩。下面列举 4 例供组织活动时参考。

1. 拍摄录像或照片

春节的起源蕴含着深邃的文化内涵，在传承发展中承载了丰厚的历史文化。在春节期间，全国各地均举行各种庆贺新春活动，热闹喜庆，气氛祥和；这些活动均以除旧布新、迎禧接福、拜神祭祖、祈求丰年为主要内容，形式丰富多彩，且带有浓郁的地域特色。可以组织学生拍摄反映春节节庆活动或民俗民风的录像或照片，配上解说词，让学生通过自身的实践活动体会"中国节""民俗情"。

2. 组织春游和踏青

清明节是传统的重大春祭节日，扫墓祭祀、缅怀祖先是中华民族几千年来留下的优良传统，不仅有利于弘扬孝道亲情、唤醒家族共同记忆，还可促进家族成员乃至民族的凝聚力和认同感。清明节承载了丰富的文化内涵，由于地域文化的差异，全国各地存在习俗内容上或细节上的差异，但扫墓祭祖、踏青郊游是共同主题。高校在清明节可以统一组织学生开展春游和踏青活动，使学生在接近大自然的同时受到生态文明教育、孝道亲情教育，并且通过这些活动，使他们自觉树立与自然和谐相处的理念。

3. 民俗民风调查

民风民俗是特定社会文化区域内历代人们共同遵守的行为模式。由于风俗的多样性，在习惯上，人们往往将由自然条件不同而造成的行为规范差异称为"风"，而将由社会文化差异所造成的行为规则的不同称为"俗"。所谓"百里不同风，千里不同俗"恰当地反映了风俗因地而异的特点。我国 56 个民族的风俗习惯也是各不相同的。高校组织大学生进行民风民俗调查是让他们感受传统文化的重要方式。调查活动可以以小组为单位，也可以由学生独自进行，调查的地点可以就近选择学生家庭所在地，采用访谈法、观察法和问卷法等进行调查，调查内容包括习俗的内容、习俗的产生和发展、习俗的意义和文化价值、如何传承习俗等，并且形成详细的调查报告。这种调查活动有利于学生对民风民俗的了解，也有助于增强班集体的凝聚力、向心力，构建更加和谐的人际关系、人和社会的关系。

4.志愿服务实践

优秀传统文化教育还可以采用周末和节假日志愿服务这种社会实践形式进行。在周末休息时间或在传统节日假期，以班级或二级学院为单位成立志愿服务队，利用重要时间节点开展志愿服务活动，例如，可以去社区养老院送绿豆糕、月饼和水果等食品，看望和陪伴老人，给老人表演节目、读书，陪老人聊天；还可以去福利院陪伴孩子，给孩子们辅导功课，陪他们读国学书籍等。通过志愿服务活动可以培养大学生尊老爱幼的美德，增强大学生自身的历史使命感、社会责任感，增强他们的公民意识和道德意识，从而更好地理解和践行社会主义核心价值观。

（五）中国传统文化网络实践

在传统文化教育的多种形式中，信息的传播多是单向的。交互性的核心就是参与，网络上的每个人不仅是网络文化的消费者，也是网络文化的生产者和提供者。也就是说，上网者不仅学习和吸收网上的知识、信息、精神、观念等，同样是它们的缔造者，这种交互方式是人类文化传播方式的革命性变革，极大地增强了文化的影响力和渗透力。高校可以利用网络对大学生加强传统文化教育。

要充分发挥网上平台中国优秀传统文化的教育作用，这些平台包括校园网络、微博、QQ 群、微信公众号、校园论坛、电子邮件等，通过这些网络平台大力宣传传统文化的发展和内容，使大学生受到潜移默化的教育。现在互联网上已经建立了多个传统文化网站，内容翔实且丰富，方便查询传统文化方面的资料，高校要灵活运用不同的宣传方式，从大学生的兴趣爱好入手，以学生喜闻乐见的方式在网络上开展中国传统文化宣传活动，要做到直观生动，以吸引大学生的参与，从而达到良好的德育效果。

在传统文化教育网络实践中，当地政府和学校行政部门应扮好媒体和大众协力传播优秀传统文化的组织者和引领者的角色，积极组织各方力量对优秀传统文化信息进行收集、整理，形成标准、系统和科学的信息库，为优秀传统文化的传播做好内容和形式准备。传统媒体的宣传一定要适时、适机、积极、主动，充分挖掘在学生中间较受欢迎的优秀传统文化内容进行传播，使学生实实在在地受到中国优秀传统文化的教育和熏陶。

要充分利用民间传播组织、学校专业网站对中国优秀传统文化进行传播。在优秀传统文化传播中，传播组织和学校专业网站传播传统文化具有针对性强、交流及时和充分的独特优势，星星之火，可以燎原，可对优秀传统文化的弘扬起到事半功倍的作用。

第三节 高校中国优秀传统文化教育关键环节的设计

国家对新时期大力推进中国优秀传统文化教育的意义、目标和具体措施等内容，都做出了全面部署和科学规划。这项中华民族文化复兴的庞大系统工程的实施，事关宏旨，任重道远。高校中国优秀传统文化教育只有把握关键环节，才可带动全局改观，达成预期目标。

一、挖掘优秀传统文化资源，增强大学生对传统文化的认同

积极挖掘高校教育中的传统文化资源，即传统文化资源的开发要按照高校教育总目标，按照学校专业发展的方向以及学科发展方向的要求，进行有效提炼和深入挖掘。

（一）开发中国古代传统文化精神资源

中国古代传统文化资源的开发建立在对中国传统文化内容和精神全面认识的基础上，基于大学生对传统文化认同的角度，对传统文化中精神资源的开发尤为重要。

在中国传统文化中，诸子百家思想中所凝聚的精华，得到了人们的广泛认同。中国文化的优秀精神包含了优秀的人本主义精神、实用理性精神和辩证思维方式等。儒家学派弘扬"人本思想"，提出"民为贵，社稷次之，君为轻""人皆可以为尧舜""未能事人，焉能事鬼"的主张；佛家的"一切福田，不离方寸，从心而觅，感无不通"等思想强调人的能动作用，主张"命由己作，福由己求"，自己的命运掌握在自己的手中。

中国传统文化的显著特点之一就是实用主义，其中蕴含的君子的标准、修身的典范、行为模式和人生态度，都能够成为现代大学生思想道德修养的参考标准，也是实现德育、追求全面发展的人的基础。中国传统文化体现的理性精神得到进一步发展，演变为辩证的思维方式，用联系和发展的观点看待事物，从事物变化发展的过程中认识问题、分析问题和解决问题。高校优秀传统文化教育，就是要充分挖掘中国传统文化中的理性精神，用以指导大学生的生活实际。

高校通过挖掘古代传统文化思想和精神资源，使大学生具备厚德载物的意志品质，上善若水的高尚品德，形成修身、齐家、治国、平天下的行为模式，保持

乐观、豁达、平和的人生态度。

（二）开发本土地方特色文化资源

各地区都蕴藏着自然、社会、人文等多种传统文化资源，高校要有强烈的传统文化资源意识，努力地开发并积极地利用。高校要按照不同主题、不同类型对本土地方特色文化资源进行开发，主要包括名人文化主题、民俗风情主题、民族文化主题以及商业文化主题等，表现为民俗活动、民间歌舞、民间节日、民间工艺等活动。

二、创新教育形式，拓宽中国优秀传统文化教育途径

中国优秀传统文化融入大学生学习课堂，强化阵地意识。中国优秀传统文化成为大学生教育的重要一环，就要推动中国优秀传统文化融入公共基础课、通识教育课、专业课等课堂，科学研究，合理规划，将传统文化教育逐步纳入教学计划，避免随意性和娱乐化。在讲授教材理论时，适当引入古圣先贤生动的事例，学习他们优秀的传统文化思想，引用这些事例的同时结合教材理论和知识讲授，从而实现对教学内容的有效拓展和生动解读，同时促进学生对教材知识和理论的掌握，并取得较好的实效。

注重传统文化的关键节点教育，举办中国优秀传统文化专题讲座，提升教育效果。精彩纷呈、感人至深的中国优秀传统文化专题讲座主题鲜明、内涵丰富，既理论联系实际，又结合历史和当前，有利于扩大和拓宽学生的知识面，增强学生的求知欲和学习兴趣。

学校可在节日、纪念日、传统文化发展的重大事件、重要人物纪念日开展节点教育，聘请校内外专家和民间艺术家进行中国优秀传统文化专题讲座或开设选修课，用丰富的中国优秀传统文化思想教育、引导、感化学生，使中国优秀传统文化思想入耳、入脑、入心。

在传统文化教育中，应保持其地域性、民族性特色。因此，要根据高校的具体区域和特色，将传统文化教育与高校所在地的文化特色相融合，进一步提高学生的兴趣和传统文化的吸引力。以潍坊学院为例，可以将潍坊的杨家埠木版年画、潍坊核桃、潍县烧饼、寿光草编、崔字小磨香油、景芝酿酒、景芝三页饼、高密大枣、刘罗锅辣制工艺、高密剪纸、安丘泥人、临朐石雕、诸城古琴、周姑戏、潍县锣鼓、昌邑烧制技艺等内容融入本校的传统文化教育，使潍坊传统文化更具生活性和亲和力，从而更容易被潍坊学院的学子所理解，大大提高传统文化教育的效率。

充分运用实践教学，巩固和深化中国优秀传统文化教育的成果。中国优秀传统文化是对大学生进行思想教育的绝佳教材，在实践教学方面，要不断拓展中国

优秀传统文化教育的空间和内涵，巩固和深化中国优秀传统文化教育的成果。在中国优秀传统文化教育实践教学方面，以必修课和选修课教学内容为契合点，组织学生开展"国学经典诵读活动""国学知识辩论大赛""古诗词朗诵比赛"以及中国优秀传统文化专题讲座等系列实践教育活动，增强中国优秀传统文化教育的实效性。发挥高校"戏剧社""围棋社""汉服社"等具有明显传统文化特色的社团的组织作用，开展丰富多彩的文化活动，如开辟中华校园传统文化教育专栏，举办中国优秀传统文化研讨会，组织中国优秀传统文化艺术节等，把校园文化打造成广大师生的精神家园。高校可以建立传统文化教育基地，也可与本地有关单位共建中国优秀传统文化实践教学基地，定期组织学生去传统文化教育基地开展实践活动，把课堂理论知识与中国优秀传统文化资源相结合，加强爱国主义和共产主义教育，使中国优秀传统文化成为不变的基因融入大学生的血液中。

三、占领网络高地，完善中国优秀传统文化教育网络平台

网络化教育的时代，随着信息技术的发展，大学生的成长环境、获取信息的途径和方式发生了根本性变化，手机已成为大学生学习、生活、娱乐、交流的重要工具，大学生获取的信息呈现出海量化的特点。由于互联网给大学生提供了无穷无尽的信息，学生在学习时往往感到无所适从，各种西方势力和国内的不良信息和思想都在抢占网络阵地。海量信息的涌现和各种价值观的融合影响了大学生对中国优秀传统文化的价值取向的理解和认同。

高校中国优秀传统文化教育要建立和完善中国优秀传统文化教育网络平台，抢占网络高地。充分利用网络强大的传播力量推动中国优秀传统文化的继承和发展，使中国优秀传统文化思想和精神在高校的各个网站上占领高地，唱响主旋律，使大学生接收到更多中国优秀传统文化知识与信息，提高他们的学习热情，使中国优秀传统文化思想润物细无声般入情、入理、入脑、入心。可以通过如下形式进一步发挥网络在传统文化教育中的作用。

（1）打造大学生网络知识竞赛平台

在竞赛过程中，力争做到出题方式新颖别致，能激发学生的兴趣。竞赛题类型要丰富多彩，包括知识问答、知识抢答、才艺表演、视听题等。同时，通过新兴媒体的传播，把传统文化和现代表现形式有机结合起来，有力吸引当代大学生加入弘扬民族文化的阵营。

（2）通过网络才艺展示和弘扬中国优秀传统文化

高校向大学生进行传统文化普及过程中，除了进行网络中国传统文化知识竞赛，还可以通过网络传统才艺展示大赛向学生宣传丰富多彩的中国传统文化艺术。可以通过器乐、声乐、舞蹈、武术、小品、相声等现代表演形式将一些具有

民族传统色彩的艺术和技艺展现出来。这种形式对弘扬中华民族艺术有较好的促进和推动作用。

（3）通过网络传统文化作品展示和提升艺术修养

可以采取以传统文化作品网络展示大赛为平台的办法，向大学生宣传、介绍和推广中国传统文化中的手工艺制作文化及其他民族艺术。作品的形式包括剪纸、书法、雕刻、绘画、编织、刺绣、陶铸、瓷器等各类民族传统技艺和手工艺作品等。通过定期在校园举办网络民族手工艺作品展，使中国传统民族艺术得以展现。

中国优秀传统文化是中国先进文化的重要组成部分，中国优秀传统文化教育不仅对大学生的思想道德教育，而且对大学生的理想信念教育、社会主义核心价值观教育等都发挥着不可替代的作用，因此，高校要积极探索中国优秀传统文化融入高校教育的关键环节，以文化人，以文育人，真正把学生的教育工作落到实处。

参考文献

[1] 苗青.中国优秀传统文化与高校青年教育管理研究 [M].北京:新华出版社,2022.

[2] 曹志斌.大学生传统文化教育与高校文化建设研究 [M].北京:世界图书出版公司,2018.

[3] 李广龙.当代教育中的中国传统文化研究 [M].长春:东北师范大学出版社,2018.

[4] 邱影悦,徐辉,代小丹.传统文化视域下大学生素质教育的培养 [M].长春:吉林大学出版社,2018.

[5] 刘波,肖茜尹,尹申,等.中国优秀传统文化与新时代高校青年学生文化自信 [M].成都:四川大学出版社,2019.

[6] 年仁德,戴淑贞,杨麦姣.高校中国优秀传统文化教育的设计与规划 [M].北京:知识产权出版社,2019.

[7] 王亚平,李扬.中国优秀传统汉字文化融入大学生美育文化教育路径研究 [J].汉字文化,2022(15):165–167.

[8] 胡红.基于叙事方法提升中华民族优秀传统文化对大学生的渗透式教育研究 [J].产业与科技论坛,2022(12):141–142.

[9] 刘宁海.中国传统饮食文化在当代大学生教育中的应用研究 [J].大学,2021(17):54–57.

[10] 鲍丛余.论中国优秀传统文化和当代大学生教育结合的有效路径探索 [J].创新创业理论研究与实践,2021(5):119–120.

[11] 周宜生.中国传统文化视域下的大学生社会责任感培育 [J].吉林工程技术师范学院学报,2021(1):8–10.

[12] 李冉.网络环境下传统家训文化与大学生心理健康教育探讨 [J].中国新通信,2020(24):197–198.

[13] 刘利,孔庆文.关于构建大学生中国优秀传统文化教育体系的几点思考 [J].中国多媒体与网络教学学报(上旬刊),2020(12):194–196.

[14] 房禹.优秀传统文化与大学生国防教育融合路径探析 [J].浙江万里学院学

报 ,2020(5):112–116.

[15] 鲁志美 , 李佳铭 . 优秀传统文化融入大学生思想道德教育的路径探究 [J]. 赤峰学院学报 (汉文哲学社会科学版),2020(7):68–71.

[16] 冯秉政 , 李艳秋 . 探索优秀传统文化在理工科大学生中的普及教育方法 —— 以济宁学院数学系 "国学大讲堂" 活动为例 [J]. 教育教学论坛 ,2020(22):282–283.

[17] 刘静洋 . 校园仪式活动对大学生传统文化教育的影响 [J]. 沈阳大学学报 (社会科学版),2018(4):448–451.

[18] 叶春林 . 大学生中国优秀传统文化教育研究 [J]. 教育教学论坛 ,2018(30):44–45.

[19] 金德楠 . 论中国优秀传统文化认同的建构逻辑 [J]. 湖北民族学院学报 (哲学社会科学版),2018(2):179–183.

[20] 贺江红 . 当代大学生中国传统文化认同现状及教育对策研究 [J]. 湖北函授大学学报 ,2017(22):30–31.

[21] 郭则瑞 . 新形势下大学生传统文化教育路径探析 [J]. 南方论刊 ,2017(6):87–90.

[22] 郭继文 . 供给侧改革视域下大学生中国优秀传统文化教育 [J]. 继续教育研究 ,2017(4):43–47.

[23] 鲁扬 , 季斐斐 . 浅论传统文化中的责任意识及其对当代大学生责任感教育的启示 [J]. 人才资源开发 ,2016(22):171–173.

[24] 宋红丽 , 刘菲菲 . 传统文化在大学生教育管理中的价值 [J]. 山东理工大学学报 (社会科学版),2016(6):64–66.

[25] 侯典丽 . 传统文化维度下的网络社会大学生教育研究 [J]. 济宁学院学报 ,2016(4):120–124.

[26] 闫琳琳 , 孙浩宇 . 试论大学生传统文化教育与核心价值观教育 [J]. 长春师范大学学报 ,2016(7):140–142.

[27] 翟红蕾 , 刘子健 , 熊风 , 等 . 媒介变革背景下高校大学生传统文化教育模式改良性调整的设想 [J]. 传播与版权 ,2016(4):138–140.

[28] 汪和祥 . 论大学生传统孝文化教育的缺失与重构 [J]. 湖北经济学院学报 (人文社会科学版),2016(3):189–190.

[29] 贾永腾 . 对大学生进行中国优秀传统文化教育的缘由和路径 [J]. 山东工会论坛 ,2015(3):40–42.

[30] 莫继承 , 谢群 . 中国传统文化对当代大学生道德教育影响研究 [J]. 当代教育理论与实践 ,2014(8):92–94.

[31] 向欣 . 传统文化视域下大学生人格教育研究 [J]. 现代教育科学 ,2013(9):98–

102.

[32] 张永贞.论传统文化在大学生教育中的价值体现 [J]. 四川文理学院学报 ,2013(4):157–160.

[33] 王阳.发挥中国传统文化在大学生教育中的作用 [J]. 东方企业文化 ,2012(5):50–51.

[34] 张艾利.加强高校大学生优秀传统文化教育论析 [J]. 安顺学院学报 ,2010(6):37–40.

[35] 李延伦.浅论中国传统文化与大学生道德教育路径 [J]. 辽宁经济职业技术学院 (辽宁经济管理干部学院学报),2007(3):47–48.

[36] 马雅丽.传统文化、京剧文化与大学生教育 [J]. 合肥工业大学学报 (社会科学版),2006(4):78–82.

[37] 胡青青 , 王其云.优秀传统文化融入大学生道德教育的路径研究 [J]. 大学 ,2021(38):86–88.

[38] 张慧芳.新时代大学生文化自信教育研究 [J]. 大学 ,2021(33):26–28.

[39] 李楠.中国优秀传统文化教育途径探析 [J]. 西部素质教育 ,2018(16):45.

[40] 黎会友.文化自信融入大学生道德教育的创新研究 [J]. 韶关学院学报 ,2018(2):6–10.

[41] 范妙然.落实中国传统文化在当代大学生教育中的意义 [J]. 现代交际 ,2016(15):123.

[42] 贾艳芬.加强新时期大学生优秀传统文化教育的路径探究 [J]. 法制博览 ,2016(10):285–286.

[43] 曹晓明.浅述大学生传统文化教育的缺失与重构策略 [J]. 高教学刊 ,2015(5):91–92.

[44] 刘小琼.浅谈我国传统优秀文化育人与大学生教育 [J]. 现代经济信息 ,2014(16):450.

[45] 陈黎.中国传统文化视域下大学生价值观的塑造 [J]. 太原大学学报 ,2012(3):87–88.

[46] 张延.浅谈优良传统文化与大学生人文素养培育 [J]. 现代交际 ,2012(8):230–231.

[47] 莫卫文 , 张建岗.对大学生进行传统文化教育的意义和策略 [J]. 长沙大学学报 ,2011(3):129–130.

[48] 丁勇.优秀传统文化在提高大学生素质教育中的作用及其途径 [J]. 中小企业管理与科技 (上旬刊),2009(3):174.

[49] 史少博."中国传统文化精华"尽快融入对大学生的教育 [J]. 济宁学院学

报 ,2008(2):80–82.

[50] 钱宇平 , 徐惠红 , 丁建霞 . 论中国传统文化传承与大学生文化素质教育 [J]. 中国成人教育 ,2015(21):20–23.